医療スタッフのための
リハビリメイク
Rehabilitation Makeup Therapy

［監修］
日本医科大学形成外科教授
百束比古

［編著］
日本医科大学形成外科講師
青木 律
スタジオKAZKI
かづきれいこ

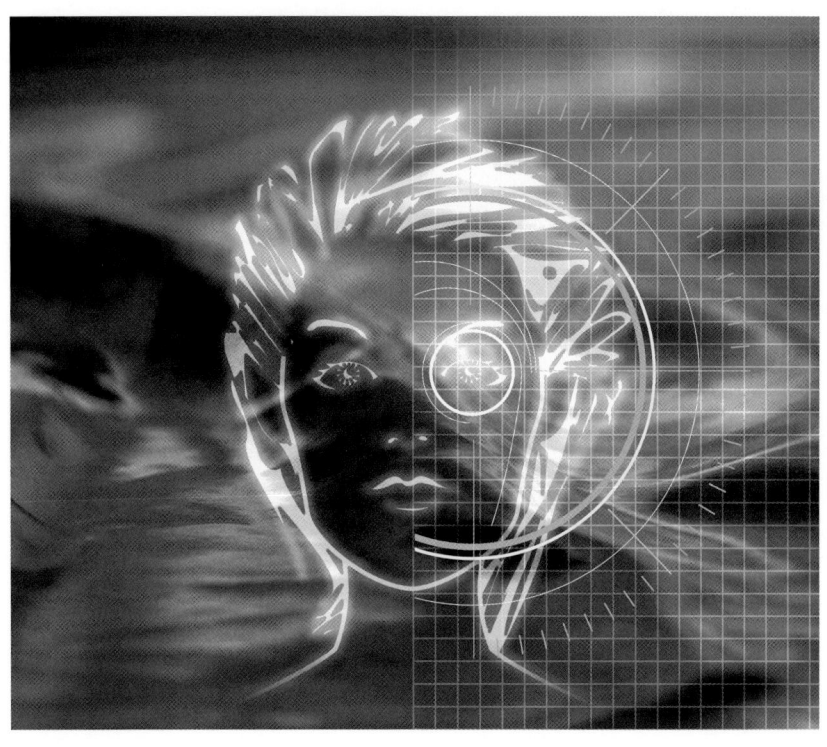

克誠堂出版

執筆者一覧 (執筆順)

百束　比古	日本医科大学形成外科
青木　　律	日本医科大学附属病院形成外科・美容外科
町沢　静夫	町沢メンタルヘルス研究所
奥山　智子	茅ケ崎徳州会総合病院リハビリテーション室
かづきれいこ	スタジオKAZKI
宇津木龍一	北里研究所病院美容医学センター
田沼久美子	日本医科大学第二解剖学
長田　文子	スタジオKAZKI

編集協力

渡辺　聡子	スタジオKAZKI
穴田真衣子	スタジオKAZKI

序

　メイクアップが医療に貢献するということは，われわれ形成外科に携わっているものには非常に理解しやすい．形成外科の手術法が進歩して，従来不可能とされた外傷，熱傷，癌切除後の再建や修復もかなりよい状態まで可能となった．しかし，皮膚色のむらや傷跡の凸凹は手術では完全に治すことができない．その部分を可逆的手法ではあるが，メイクアップがカバーしてくれるであろうと期待する．

　しかるに，従来のメイクアップは正にカモフラージュであって，その部分を隠すことが目的であった．それに反し，本書で紹介されるリハビリテーションメイクアップは，隠すことから脱却してより明るく活力に満ちたメイクアップを行い，隠すことは副次的になっている．この手法は，単に問題点に覆いをするだけでは得られない，精神的なよい効果をもたらすと思われる．言いかえれば，メイクアップという前向きの精神的作業が，単に傷跡を目立たなくするのみではなく，精神的な疾患などにも治療の一助として応用できそうである．

　医療が進歩し患者さんの要求も多様化かつ高度になりつつある．そして治療結果の限界に対する不満も率直に語られる時代になった．それらの問題解決の一つの選択肢，というよりむしろ後療法の一つとしてメイクアップが学問的に確立され，メイクアップセラピーとして認知されることが望まれる．本書ではわが国におけるメイクアップセラピーの発案者の一人であるかづきれいこ氏の手法を中心に編集した．本書を出発点としてメイクアップセラピーに学問的体系化がなされれば幸いである．

　　2003年8月

　　　　　　　　　　　　　　　　　　　　　　　　　　　　　　百束　比古

「医療スタッフのためのリハビリメイク」刊行にあたって

　リハビリメイクとは，外傷や疾病などによって顔に損傷を負った人の社会復帰を支援するためのメイクアップのことである．欧米で行われてきたメディカルメイクアップの考え方を，日本の医療の実情と日本人の心性に合うよう発展・改良させたもので，カモフラージュ（患部が目立たないよう隠す）に主眼を置くのではなく，患者さんが自身の容貌を精神的に受容することを目的に，これまで研究と実践を重ねてきた．

　近年，医療現場において患者さんのQOLの向上に外観のケアが果たす役割が認知されつつあることは，リハビリメイクを提唱してきた身としては大きな喜びであり，また責任の重さに身が引き締まる思いでもある．

　大学病院等の外来で患者さんにメイクの指導をする中で，日々患者さんに密に接している医療スタッフの方々から「自分達も多少でもこの技術や知識を身につけ，患者さんに役立たせることはできないものだろうか」という声が上がってきた．その真摯な声に応える本が出版の運びとなったことは，大きな喜びである．

　この本は，多くの方々のご尽力がなくては実現しなかった．これまでご指導・ご支援をいただいた多くの先生方，医療スタッフの皆さん，そして患者さん方に，この場を借りてお礼を申し上げたい．リハビリメイクの技術は，医療現場で患者さんと直接接する中で試行錯誤を重ねながら開発してきたものである．われわれメイクアップセラピスト（メイクアップ技術者）を育て，リハビリメイクを発展させてくださったのは，まさにそうした患者さん一人一人に他ならない．そのうちの12名の方が，本書の「事例」に登場することを快諾してくださった．その勇気と，同じ悩みを持つ人たちに対する深い思いやりに，心から尊敬と感謝を捧げたい．

　　　2003年8月

かづきれいこ

目次

第Ⅰ章 現代におけるリハビリテーションメイクアップの意義 ... 1

1. 総論―メイクアップセラピーの意義― ... 百束比古 3
1. 背景―リハビリテーションメイクアップからメイクアップセラピーへの展開／3　2. ボディー・イメージについて／4　3. カモフラージュセラピーからメイクアップセラピーへの転換／5　4. 形態医学とメイクアップセラピー／6

2. 形成外科・美容外科とメイクアップセラピー ... 青木 律 8
1. 形成外科にとってなぜリハビリテーションメイクアップが必要か／8　2. リハビリテーションメイクアップの適応／11　さいごに／13

3. 身体醜形恐怖および精神障害とメイクアップセラピー ... 町沢静夫 15
はじめに／15　1. 身体醜形恐怖の実際／15　2. 身体醜形恐怖の歴史的由来／17　3. 身体醜形恐怖の疫学と原因／19　4. 精神医学とメイクアップセラピー／20　おわりに／22

4. 顔と心にアプローチするリハビリメイク®
―カウンセリングの視点から考察したかづきれいこ氏の方法― ... 奥山智子 24
はじめに／24　1. リハビリメイクが求められる背景と意義／24　2. リハビリメイクの方法／26　3. カウンセラーによるカウンセリング／29　4. 考察／31　まとめ／38

5. リハビリメイク®の基本概念 ... かづきれいこ 39
はじめに／39　1. 定義／39　2. 目的・対象・理念（ケアのあり方）／39　3. 特に効果的と思われる疾患および症状／43　4. 基本的な手技／45　5. 考察／47　まとめ／50

コラム：米国における形成外科領域のメイクアップアーティストの役割と問題点
―米国ペンシルバニア大学形成外科における経験から― ... 宇津木龍一 52

第Ⅱ章 メイクアップセラピストに必要な医学的基礎知識―形成外科を中心に― ... 57

1. 形成外科とは何か ... 青木 律 59
●形成外科用語／60

2. 用語解説 ... 青木 律 67
1. 解剖学用語，身体部位の名称／67　2. 精神科用語／70　3. 皮膚科用語／70

3. マッサージと血行 ... 田沼久美子 71
1. マッサージの歴史と意義／71　2. 循環器系の基礎とマッサージの応用／71　3. 顔面の静脈とリンパの形態／72　4. 顔面の神経（知覚と運動）／73

第Ⅲ章 基礎化粧品の素材と皮膚への作用 ……………………長田文子 75
化粧品とは／77　1. 洗顔料／77　2. 化粧水／79　3. 美容液／79　4. 乳液／81
5. クリーム／81

第Ⅳ章 リハビリメイク®の実際 ……………………かづきれいこ 85
1. 血流マッサージ ……………………86
2. ファンデーションの選択 ……………………88
3. 基本のメイクアップ ……………………90

第Ⅴ章 事　例 ……………………かづきれいこ，青木　律 97
事例 1　熱傷瘢痕　陳旧例 ……………………98
事例 2　血管腫（1）顔面の単純性血管腫 ……………………108
事例 3　血管腫（2）前腕の単純性血管腫 ……………………110
事例 4　血管腫（3）頸部の単純性血管腫 ……………………112
事例 5　太田母斑と血管腫（1）顔面混在例 ……………………114
事例 6　太田母斑と血管腫（2）顔面両側例 ……………………116
事例 7　創痕（1）手術瘢痕，顔面多発外傷後手術瘢痕 ……………………126
事例 8　創痕（2）単純性血管腫，レーザー照射後の瘢痕 ……………………128
事例 9　尋常性ざ瘡，ざ瘡後瘢痕 ……………………130
事例 10　肝　斑 ……………………132
事例 11　膠原病（1）混合性結合組織病 ……………………134
事例 12　膠原病（2）深在性エリテマトーデス ……………………136

索　引 ……………………139
Information ……………………142

[注]
　「醜状」あるいは「醜形」という用語は美醜の判断が主観的であるため医学用語としては不適当との意見もあるが，客観的には形態的に問題がなくとも本人が気に入らなければ「醜」である。この「醜」の概念はメイクアップセラピーに重要であると考え，本書ではあえて採用した。

第I章

現代における
リハビリテーションメイクアップ
の意義

リハビリテーションメイクアップに関連の深い各科の立場から，リハビリテーションメイクアップとは何か，また現代における意義について述べる。

1 総　論 ―メイクアップセラピーの意義―

Key words：リハビリテーションメイクアップ　メイクアップセラピー　ボディ・イメージ

1．背景―リハビリテーションメイクアップからメイクアップセラピーへの展開

　近年，医療は多様化し，単に病者の病気を治したり苦痛を除去するのみでは目的の完遂には至らなくなった。例えば，病気が治癒したあとのリハビリテーションがある。リハビリテーション医学は患者を社会に復帰させるために必須の医療であり，命を救うとか病気を治すといった，医療によって治癒という結果を得た患者のその先の治療とも言え，従来より治療医学，予防医学と区別して第3の医学と呼ばれてきた。

　そこで，リハビリテーション医学が運動機能に関わるものであれば，形態に関わるリハビリテーションがあってもよい。その需要の一部を担うのがリハビリテーションメイクアップである。それは形態や外見，ひいては心理に関わるリハビリテーションとして位置づけることができる。

　その対象疾患は，先天性ならびに後天性の形成外科的疾患，例えば先天異常，熱傷，外傷，腫瘍手術後変形などに留まらず，難治性の皮膚疾患，例えば膠原病，血管腫，そして白斑などの疾患に及ぶ。また，皮膚色の問題であれば，心臓疾患などの内科的疾患も対象になることがある。美容医療，特にレーザー療法が進歩した現在でも，露出部位の血管腫や母斑はリハビリテーションメイクアップの補助的適用に期待しなければならない場合がある。

　さらにリハビリテーションメイクアップの技法は抗加齢（アンチエージング）療法の一補助的手法ともなり得るし，さらには一部の精神疾患や高齢者の抑うつ状態にこれが有効である可能性があるという。また，死化粧にこの技法を用いることで，遺族の精神衛生の向上に貢献できるとさえ言われる。

　かづきれいこ氏の場合，自身の経験から発展させたこの概念とその技術を自ら「リハビリメイク®」と命名し，実践してきた。メイクアップという技術・技法を用いて患者をリハビリテート（社会復帰）させるだけでなく，患者自身の外観に対する満足度を高めることによってQOL（生活の質）を向上させることを最終目標にしている点が，これまでになかった画期的な取り組みであると評価している。

　かづき氏の提唱する「リハビリメイク®」に代表されるような，リハビリテーションメイクアップの技法は，一つのセラピー（治療法）となり得るものであると著者は考えている。言い換えれば，セラピーの一つに，リハビリテーションメイクアップという技術（あるいは概念）が含まれると捉えてよい。

そこで本書では,「メイクアップセラピー」という語を用いたい。なお,欧米で「メイクアップアーティスト」という名称も使用されるようだが,めざすところが異なるように思われるし(後述),わが国ではこの名称はむしろ芸能関係で用いられることから避ける。医療分野では「メイクアップセラピスト」を用いる。
　セラピーとしてのメイクアップには,医療に占める役割の増大が期待され,したがってその科学的実証に基づいた学問的体系化も急務であると考えられている[1)2)]。

2. ボディ・イメージについて

　人は自らの形態や外見についてどのようなイメージを描いて生活するのか。その結果が自分の心理や社会との関わりに与える影響を客観的に評価することは,メイクアップセラピーの適用において極めて重要なことである。なぜなら,セラピー(治療)である限り,対象を選別するための理論がなくてはその効果の評価も不可能であるからである。
　Cash-Prusinsky (1990) は,身体の心理的経験の核にあるものを総称して,「ボディ・イメージ」と呼んだ。その概念から以下の特徴を抽出した。その概略は標準形成外科学[3)]に和訳されているので,その一部を改変引用する。

1. それ(ボディ・イメージ)は,身体および身体的経験についての知覚,思考,感情に関連しており,極めて個人的かつ主観的な経験である。したがって,第三者から見て過小評価していることも過大評価していることもあり,外見,大きさ,位置,境界,能力,性的側面などを含む多面的なものである。
2. その経験は,自己についての諸感情と絡み合っている。身体の傷つきは自己感情に反映する。逆に自己感情はボディ・イメージの中に表現されることがある。
3. それは,社会的に決定され,最初は母親との交流に基づく。その後は他者の反応に影響され続ける。その偏位の程度は,社会的背景,時代,文化に応じて異なり,外的状況や気分,加齢などによって左右される。
4. それは,情報過程に影響し,身体への特定の執りは自意識をさらに募らせ,行動に影響を与え,イメージが肯定的か否定的かによって,外向的になったり内向的になったりする。それの心理学が医学と関わるのは以下の領域であり,括弧内はその病理的事例である。
　　身体の外見の知覚と評価(身体醜形障害)　　身体の大きさの知覚(拒食症)

身体の空間的な位置の知覚（失認）　　　身体感情の障害の有無（体感異常）
　　　身体の能力についての評価（心気症）　　　身体損傷・外科的侵襲への対応（幻
　　　肢痛，心因性疼痛）　　　身体の性的特徴と性同一性（性同一性障害）

　このように，人の形態や外見が心理に及ぼす影響は計り知れず，また個人によって千差万別である。したがって施術対象の個々を十分に理解し客観的に評価することなくしてメイクアップセラピーの理論構築はできないといっても過言ではない。

3. カモフラージュセラピーからメイクアップセラピーへの転換

　人体の形態や色調を何らかの手段で変化させることは，医療の分野のみならず美容の分野でも発展してきた。医療においては直接的には形成外科学や美容外科学あるいは皮膚科学という分野が携わってきた。しかし，悪い顔色をよい顔色にするのなら内科学的に心臓や肝臓を治すことも有用である。間接的に言えばこのようにすべての医療が関係する。美容の分野では，化粧が最も手っ取り早い。エステティックサロンやフィットネスクラブを利用するという方法もある。美容院で髪型を整えたり染毛したり，着る物を変えたりするのも有効ではある。しかし，ここでは正常ではない形態や色調をいかにして治すかという視点で語りたい。

　まず，従来より欧米ではカモフラージュセラピーという言葉がある[5]。しかし，「カモフラージュ」という言葉では「隠す」という心理から抜け出ていないように思われる。実際従来より，化粧品で痣（あざ）や瘢痕を隠す方法はあった。しかし，隠すという行為に潜む罪悪感やその結果の美的評価が語られることは少ない。そこで，「隠す」「カモフラージュする」という負の治療とは反対に，より活力に満ちたメイクアップを行って積極的に社会に適応させる，その過程には結果として隠すということも包括されるが，隠すという意識から開放せしめ，欠点とは関係なく化粧を行うという，より前向きな正の方向を目指すのがメイクアップセラピーと解釈したい。その根底には，極めて逆説的ではあるが，正反対の手法である洗いざらい露呈させてあるがままに生活させる，という方向と類似の意識があるように感じてならない。すなわち，メイクアップを行っていることを隠さないでいられるような精神を，引き出すようなセラピーであることが目標である。

　よく人は人「間」であり他者との連携なくしては生きられないという。他者の感情や反応に気を使うのも社会に適応して生きるための礼儀であり秘訣であろう。接

触する人たちに不快の念や余計な気遣いをさせることは，必ずしも自然とは言えない。その意味でメイクアップセラピーが最も有効な社会的適応法となる場合がある。

　また，メイクアップには，ナルシシズムの意味が潜む。ナルシシズムこそは抑うつ状態とは対極にある精神状態であると考える。老人に化粧をさせると元気になるというのもそのようなモチーフがあるからではないか。何よりメイクアップは外科的治療と違って，可逆的かつ可変的であることが弱みでもあり強みでもある。上手に利用すべきである。

4. 形態医学とメイクアップセラピー

　形態を扱う医学の代表が形成外科学である。その範疇には美容外科学や皮膚科学の一部領域もオーバーラップする。体表組織が欠損したり変形したりした生体を修復して社会復帰を促すのがその仕事である。そして，その技術はいまや長足の進歩を遂げ，治療される側の満足度も向上したと言える。しかし，形態復元の高度化の一方で，色調や質感の復元が置き去りにされてきた。すなわち，形成外科の世界では「組織欠損を修復することはできたが，color match（皮膚色の適合）と texture match（皮膚の性状の適合）は悪い」などと評価することがある。形態は治せても微妙な色調や質感は手術という外科的手法では治療困難なためである。

　例えば，口唇裂の患者は手術で鼻と唇の形態は満足すべき結果となっても，上口唇に手術の傷跡は必ず残る。それがたとえ素人目には気づかないほど軽微な傷跡であっても，光の方向や程度によっては傷として見えることがある。本人はそれが苦痛で劣等感を隠したまま成長するということもある（図）。また，血管腫や母斑といった皮膚自体の病変はレーザー治療が進歩したとはいえ，まだまだすべての疾患が完全に治療できるわけではない。そこで，さらに一層の治療効果の獲得をめざせば，メイクアップセラピーという技術の貢献が望まれるわけである。

　また，メイクアップセラピーの効果を吟味して治療方法の選択にフィードバックさせられたら，形成外科手術のアプローチも少し変わるかも知れない。さらなる手術を行えばより自然な形態に近づける可能性をもった段階の患者でも，手術的治療を拒んだりあるいは望まない場合がある。そのような患者にメイクアップセラピーを行って，手術で改善すべき未完の部分をメイクアップセラピーで補うということもあり得よう。さらに，大きな手術を行った後，細かな修正手術を追加するまでの数カ月間の補助にもメイクアップセラピーが有用であろう。この分野の発展は，そ

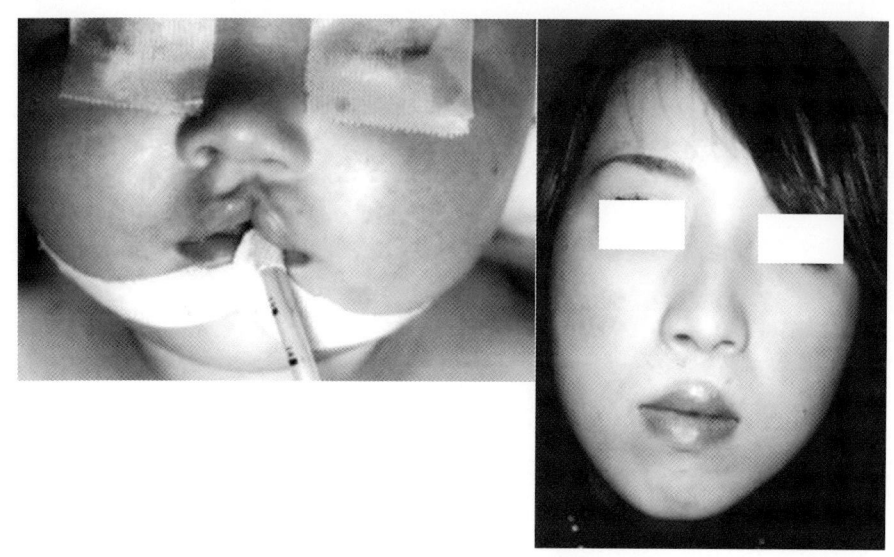

図　メイクアップ後の口唇部（20歳，女性）
右はこの女性の生後4カ月，先天性の口唇裂手術前の状態である．この女性がこのような状態で生まれたことは信じられないと思う．形成外科手術とメイクアップの相乗効果がもたらした成果である．

のようなことにまで期待がもてる．

●文献
1) かづきれいこ：リハビリメイクと医療．形成外科 44：1029-1036, 2001
2) かづきれいこ：がん患者のリハビリメイク．がんの在宅医療，坪井栄孝監修，pp94-99, 中外医学社，東京，2002
3) 鬼塚卓彌：形成外科患者の精神病理．標準形成外科学（第4版），鬼塚卓彌監修，pp4-5, 医学書院，東京，2000
4) 蔵琢也：遺伝子は美人を選ぶ．サンマーク出版，2002
5) Rayner VL：Assessing camouflage therapy for the disfigured patient；A personal perspective. Dermatology Nursing 2：101-104, 1990

（百束比古）

Key words：形成外科　美容外科　メイクアップセラピー

2 形成外科・美容外科とメイクアップセラピー

1．形成外科にとってなぜリハビリテーションメイクアップが必要か

　まず本章を形成外科とリハビリテーションメイクアップの関係について考えてみることから始めてみたい。形成外科とリハビリテーションメイクアップは相対立するものなのであろうか？　両者は補完し合うことが可能なのであろうか？　リハビリテーションメイクアップは形成外科の存在を否定するものなのではないか？　あるいは形成外科があればリハビリテーションメイクアップは必要ないのではないか？

　このような疑問に対する答えは簡単である。なぜなら形成外科とリハビリテーションメイクアップが目指すところ，すなわち基本理念や哲学は基本的には同一であり，異なるのはその手技，すなわち一方は外科手術，もう一方はメイクアップというその手法だけの違いであるからである。両者の究極の目標は患者自身の満足度を高めることであり，患者の社会への適応を促すことである。人間は異質なものを排除したり敵視したりすることがある。これは人種や言語，宗教などで顕著であるが，たとえ同じ人種であったとしても，外観の違いが対人関係，ひいては社会への適応に非常に大きな影響がある。美醜の概念は歴史や文化によって異なるものであるが，その時々の価値観に従って人間は美を求める。一般的に病的外観を修復するのが形成外科であり，正常な外観をより美しくすることが美容外科であると考えられている。同様に，メイクアップの領域においては通常のメイクアップが美容外科に相当し，形成外科に相当するのがリハビリテーションメイクアップであるといえよう。

　われわれは形成外科の基本的トレーニング，すなわち病的形態を正常な形態に修復する技術を有していない者が，美容外科すなわち正常な形態をより美しくすることに携わるべきではないという考えであるが，これはメイクアップの領域にも通じる話であろうかと思う。メイクアップの場合には医療とは反対に，正常な皮膚に対する基本的メイクアップ技術を獲得したうえで，病的な状態のメイクアップ，すなわちリハビリテーションメイクアップを行うべきであろう。換言するならばリハビリテーションメイクアップにとって通常の基本的メイクアップの技術が必須であるのと同じ理由で，美容外科にとって形成外科的トレーニングは必須である。そして形成外科を究めていく際には「美」を追求する必要があるのと同じ理由でリハビリ

表　形成外科とリハビリメイクの関係

	外科的手段	メイクアップ
病的状態→正常 （もしくは美しく）	形成外科	リハビリテーション メイクアップ
正常→美しく	美容外科	通常のおしゃれメイク

テーションメイクアップも「美」を見失ってはならない（表）。
　ここで形成外科にリハビリテーションメイクアップが必要である例として筆者が1994年に調査した結果について触れておきたい。
　1970年代になると，医学の進歩によりかつては救命できなかったような広範囲熱傷の患者が救命し得るようになり，その結果新たな問題が発生した。それは救命後の熱傷患者の社会復帰という問題である。筆者は1973年から1993年までの20年間に救命された広範囲熱傷患者がその後どうなったかについて追跡調査を行った。その間に日本医科大学附属病院形成外科で治療を行った広範囲熱傷患者は101例であり，そのうちの45例が追跡可能であった。するとその45例のうち自活していたものはわずか9例（19％）に過ぎず，他は長期間の入院を強いられたり，家族の扶養のもとにあったり労働災害補償や生活保護などの社会保障で生活をしていた[1]。
　さらに，1999年には別の観点から調査し，広範囲熱傷救命患者がどのように感じ，考え，そして生活しているのかアンケート調査を行った。すると彼らは現在の自分自身については冷静に受容し，かつ家族や友人とも熱傷受傷前と同様の付き合いを続けているが，仕事上の人間関係や地域社会への浸透に多大な問題があると感じていることがわかった。すなわち社会復帰が職場復帰というレベルで阻害されていたのである（図）。アンケートに書かれていた切実な悩みは現在の自分のような外見の人間が家族や友人以外の人前に出ると不快感や恐怖心を与えはしないかという，患者自身の不安定な気持ちであった。自分が受容されないのではないかという先入観，あるいは実際に受容されなかったという実体験が社会復帰に向けての勇気と自身を喪失させてしまっているのであった[2]。
　しかし現実問題として，広範囲熱傷を受傷した患者を美容的に満足できるレベルまで外科的に治療することはほとんど不可能である。なぜなら患者の皮膚は救命という大きな目的のためにすでに実施された手術の際に使用されており，われわれ形

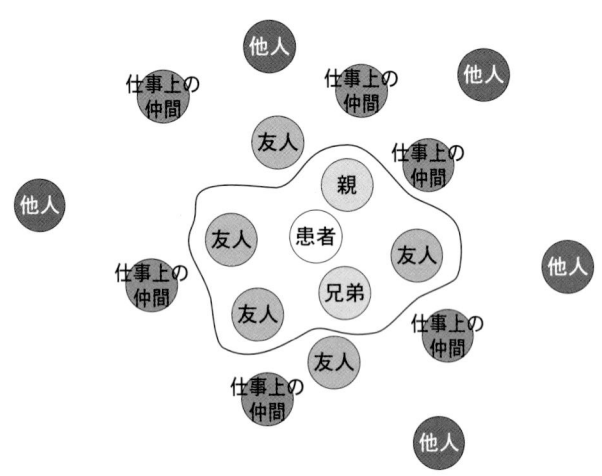

図 社会復帰を考えに入れた社会構造
広範囲熱傷救命患者は家族と親しい友人で構成された社会から出ることができない。

成外科医が外観の改善のために取り得る手段と方法に限りがあるからである。したがって多くの形成外科医が医療レベルでの彼らの社会復帰の限界を感じており，何らかの打開策を模索していたところであった。

　筆者が実際に1999年よりリハビリテーションメイクアップを医療の現場に取り入れた結果，患者の社会復帰という観点から非常に有効な手段であるということが確認された[3]～[5]。外科手術はその効果が永続的である反面，手術の傷跡を残し，かつ熱傷瘢痕の治療には無傷の皮膚が必要であるが，広範囲熱傷患者ではそれらは救命目的ですでに利用されていることなどの問題がある。それに対してメイクアップは，効果が永続的でないという欠点を有するが，肉体に対して非侵襲的であり，逆に気に入らなければ洗って落とせばいいという気楽な面がある。

　一方，われわれ形成外科医の模索の間にも，藁をもすがる患者たちがすでに独力でメイクアップの可能性に気づき，多数の患者がリハビリメイク®を求めてかづきスタジオの門をたたくこととなった。さらに美容外科が普及するに伴い，その効果や方法に失望した人もメイクアップに可能性を求めるようになった。この結果，単なる熱傷や交通事故の瘢痕（傷跡）を化粧で隠すというだけでなく，患者の精神的背景をも考慮に入れつつ，最終的な「社会復帰」という目標に到達する手段としてメイクアップがクローズアップされてくるようになった。こうなるとメイクアップ

をする側にも医学に精通し，その方法論の利点と欠点，特徴などを理解する必要が生まれてきた。

　また一旦は手術などを断念しリハビリメイクに活路を求めた患者が，自分の外観に自身が持てるようになり，より前向きな姿勢で手術などより積極的な治療を欲するという現象も現れてきた。あるいは外科治療やケミカルピーリングなどの医学的治療の治療と治療の間隙にリハビリテーションメイクアップを取り入れる試みもなされてきたことがあり，医療側とメイク側でより頻繁な情報交換が必要となってきた。

　以上の理由からリハビリテーションメイクアップにとっても形成外科を理解することが重要なのである。

2．リハビリテーションメイクアップの適応

　形成外科にとってリハビリテーションメイクアップが重要であることは言うまでもないが，もちろんすべての形成外科患者がその適応となるわけではない。ではどのような患者が適応となるのであろうか。

　第一に，メイクアップを施行する部位の皮膚の状態が安定しており，びらん，潰瘍がなく，かつ軽度の摩擦にも耐えられる状態であることが必要である。患者はえてして多少のびらんがあってもすぐにメイクアップをしたがるものであるが，びらん面にファンデーションなどを塗ることは感染の原因となるばかりか，化粧品に含まれる原料に対して感作（アレルギー反応）を起こす危険もあり，そうなると今後のメイクアップに多大な障害をもたらすことにもなりかねないので，患者には傷口が完全に治るまではメイクアップを許可することはできない。

　第二にスクワランオイル，パウダーなどに対するアレルギーの既往がないことも大切である。患者の中には既存の化粧品で接触性皮膚炎（いわゆるかぶれ）を起こす者もおり，そのような既往のある患者では今後使用する化粧品によってあらかじめ皮膚アレルギーが起きないかどうかパッチテストなどで確認する必要がある。パッチテストとはアレルギー検査の対象となる物質をしみこませたものを患者の腕などに貼付する検査のことである。簡単な方法では使用する化粧品をそのまま貼り付ける。24時間貼付した後それを取り外し，さらに24時間後，48時間後に貼付部位に紅斑や水疱ができていないか確認するのである。この方法が陰性であるからといってその化粧品に対する患者のアレルギーを否定することは完全にはできないが，極

めて簡便な方法であるため有用性は高い。またケミカルピーリングやレチノイン酸という薬剤を使用した経験のある患者は，それらの使用によって皮膚が赤くなったことを「アレルギーがある」と思っている場合がある。しかしながらケミカルピーリングで使用される薬品やレチノイン酸では濃度によっては万人に紅斑が起きるといっても過言ではないので，「皮膚が弱い」という患者の言葉をそのまま鵜呑みにすることはできない。しかしそのような患者に対してであっても，このパッチテストをしておくことによって，ある程度科学的に患者のアレルギーの有無を事前に調べることができる。

　第三に当たり前のことではあるが，メイクアップセラピーを患者が希望することも適応の重要な因子である。一般的には男性患者はメイクアップセラピーにあまり興味を示さない。しかし患者が明らかに外観上の理由で社会復帰が遅延しているような場合には，ある程度積極的に勧めてみるべきであろう。最初はメイクアップセラピーにそれほど期待していない患者でも実際の効果を目の当たりにすると気持ちが変わってくるのものである。もちろん無理強いすることは戒められるべきである。

　第四は精神的な適応である。形成外科や美容外科を受診する患者の中には精神的に不安定な患者が多い。単に「きれいになりたい」とか「目の形が気に入らない」などの漠然とした理由で手術を望む患者や，雑誌などの切り抜きを持参して特定の芸能人と同じような顔になりたいと希望する患者などは，入念な術前のカウンセリングによっても手術結果に満足できない場合がある。さらにはうつ病（双極性精神障害）や統合失調症（精神分裂病），醜形恐怖症などの病態においては不可逆的な外科治療が患者の精神状態を逆に悪化させる場合がある。このような精神的な問題から手術適応がないか，あるいは慎重に行うべき患者に対しては，まずメイクアップを施行して患者の悩みが解決されるかどうかを見ることもリハビリテーションメイクアップの有効的な使用法である。

　また他に考慮しなくてはならない要因としては患者の年齢，職業，日常生活スタイルなどがある。先天性の母斑の患者などでは本人はあまり気にしないが学校などでそれが原因で「いじめ」の対象になることがあるという。外科的にはある程度の年齢になってから手術した方が望ましい場合などもリハビリテーションメイクアップのよい適応であると考えられる。また仕事や学業などの理由で外科治療のために時間が割けない場合，接客業や教師（保育士），医療従事者などでは本人が気にしていなくても客（あるいは生徒や患者）に不快感を与えたくないという場合などもよい適応である。

最後に患者にメイクアップを勧めるうえで大切なことはメイクアップが終了した段階で患者の意見を聞くことである．手術を予定していた患者でもメイクアップに満足し，さらなる外科治療を望まなくなる場合もあるが，逆に美に対する欲求が増大し治療を求めてくる場合もある．また，メイクの方法が自分には合わないとか，自分ひとりではできない（手が不自由）などの問題点を指摘する患者もおり，それは形成外科医が医療的にも精神的にもフォローアップしていかなくてはならない．形成外科医としては患者をリハビリテーションメイクアップに紹介した段階でその患者の治療を放棄してはならないのであり，メイクアップを導入したからといってそれで医師のつとめが終わったわけではなく，患者の社会復帰へ至る道をしっかりと見守らなくてはならない．

さいごに

　形成外科とリハビリテーションメイクアップについてその両者の理念が共通するものであること，形成外科にとってリハビリテーションメイクアップが必要な理由，適応などについて述べた．ここで繰り返し強調したいことは形成外科とリハビリテーションメイクアップは決して敵対するもの，二者択一のものではなく，両者が互いにその長所と欠点を認識したうえで補完し合うべきものであるということである．どちらか一方で完全であるということはない．その両者の関係はたとえるなら野球のピッチャーとキャッチャーである．ピッチャーとキャッチャーはバッターを打ち取るという共通で同一の目標がある．そしてその両者は常にサインを出して情報を交換し，そのサインに対して同意と不同意があり，やり取りのうえで球種とコースが決められる．さらにピッチャーから投げられたボールはそのままキャッチャーのミットに収まるのではなく，またピッチャーに投げ返される．すなわち一方が他方に患者を紹介した段階で治療が終了するのではなく，その両者が今のボール（施行法）がどうであったかを対等な立場で，それぞれの専門性を強調しつつ，かつ他者の意見と協調しながらディスカッションし，結論を出すのである．

　将来的にはわが国においても病院内にメイクアップセラピストが常駐し，術前のプランニングの段階からカンファランスなどに参加し，手術のデザイン，適応などについて形成外科医とディスカッションをし，あるいは理学療法士と同じような立場で肉体的なリハビリテーションだけでなく外観的なリハビリテーションをも施行するような制度が望まれる．

●文献

1) 青木律：広範囲熱傷患者の社会予後. 熱傷 20：64-71, 1994
2) 青木律, 百束比古, 山本保博ほか：広範囲熱傷患者の精神予後. 日本熱傷学会総会学術集会抄録集 26：56, 2000
3) かづきれいこ：リハビリメイクと医療. 形成外科 44：1029-1036, 2001
4) 青木律, 百束比古, 村上正洋ほか：広範囲熱傷救命患者に対するメイクアップセラピー. 日本医科大学雑誌 67：541, 2001
5) 青木律：広範囲熱傷患者の社会復帰. 形成外科アドバンスシリーズ II-10 熱傷の治療：最近の進歩, 波利井清紀監, 百束比古編, pp289-296, 克誠堂出版, 東京, 2003

〔青木　律〕

Key words：メイクアップセラピー　精神障害　身体醜形恐怖

3 身体醜形恐怖および精神障害とメイクアップセラピー

はじめに

　筆者が定義するところのメイクアップセラピー（以後メイクセラピーと略す）は，メイクそのものの効果と，メイクをしながら話しかけ，それが結果的に心理療法になっているという効果，直接皮膚に接するスキンシップの効果，この3つがメイクセラピーの主たる効果と考えている。このようなメイクセラピーによって，顔や身体の否定的なこだわりを精神医学的に治療するとともに，気分の改善が得られると思っている。

　現代医学は根治療法を主に向かっているものであるが，それが不可能とならば，それに代わる代替療法の存在が不可欠である。メイクセラピーは，この意味で精神医学の重要な現代の代替療法の一つとみなしてよいと思われる。さらに，火傷や事故後の外傷によって顔に強い変形を生じた人に対して，外科のみならず精神医学の側面から見てもメイクセラピーが効を奏し，時に根治療法に近いケースも見られるものである。

　筆者は精神科では，身体醜形恐怖の患者をかづきれいこ氏のメイクセラピーに依頼している。筆者の治療法で思うように効果が得られない時に依頼する。最初は正直なところあまり期待してはいなかった。しかし，患者の中には顕著に効果を示す人がおり，メイクセラピーに注目することになった。ここでは，身体醜形恐怖とメイクセラピーの関係を述べてみる。

1．身体醜形恐怖の実際

　身体醜形恐怖は一つの恐怖症，強迫観念あるいは時には妄想障害というレベルとして考えなければならないものであって，精神科医や臨床心理といった専門家が関わらなければならない困難な病気だといってよい。

＜特徴＞

　このような人たちの言う，「自分が醜い」と感じる部位は，客観的には極めて微細なものであっても，本人にとっては極めて大きいと感じる。このように「自分の顔

表 米国における身体醜形恐怖を訴える部位

・皮膚	65％	・頬	8％
・髪の毛（特に縮れ毛）	50％	・歯	7％
・鼻	38％	・耳	7％
・眼	20％	・頭の大きさ	6％
・脚ないし膝	18％	・指や脚の指	5％
・顎	13％	・手，腕	5％
・胸や乳頭	12％	・額	4％
・胃ないし腹部	11％	・殿部	4％
・唇	11％	・背の高さ	4％
・体のつくり全体（あるいは骨の形）	11％	・手	3％
		・顔全体の醜さ	3％
・顔の大きさや形	11％	・肩	2％
・ペニス	9％	・頚部	2％
・体重	9％		

(Phillips KA : The Broken Mirror. Oxford University Press, New York, 1996 より引用)

は醜い」あるいは「身体が醜い」という本人の意識によって，仕事や日常生活，対人関係に大きなつまずきをもたらすものである。

身体醜形恐怖は女性に多く見られるように思われるが，米国では男女比は1：1の割合である[1]。日本でもその比率に近づいているが，女性がやや多い。部位を示す（表）。

また，身体醜形恐怖はうつ病のように，症状が強くなったり，あるいは軽くなったり，といった波のような症状の変遷は少ないものである。

多くは自室にこもっていたり，あるいは人に目立たないようなところにいようとする。例えば，通勤や通学の際には電車の一番後ろや出口に近い所に乗ったり，あるいはまた，朝早く職場や学校に行こうとする。いわゆる回避傾向が強い。

また，鏡を始終見て自分の顔あるいは身体を確かめることも多い。自分の部屋に3つ鏡を置き，廊下に2つ，トイレに2つといったように，鏡を必要以上に多く置くことも彼らの特徴である。自分の顔が醜くならないようにふるまったり，その角度を調べたりするためである。これは強迫行動（止めようと思っても止められない行動）[2]とみてよい。

しかし，鏡を見るという身体醜形恐怖の人たちは，まだよしとしなければならな

い。最も重症なのは，自分の醜い顔を見たくないといって，鏡を見ない身体醜形恐怖の人たちである。この場合は，妄想障害と言ってよく，治療は極めて難しくなる。

<治療>

この身体醜形恐怖は，大きく3つのタイプに分けられる。すなわち，恐怖症型，強迫観念型，妄想型である。

単なる恐怖であれば神経症的なものとしての治療が行われ，治りやすい。しかし，強迫観念となるといささか難しくなり，薬物も使用しなければならないことになる。しかし，まだこのレベルでは認知行動療法[3]や行動療法[3]などによって改善が望まれる。

妄想障害となっているレベルでは，これは完全に分裂病の妄想と類似したものであり，抗精神病薬を使用した治療が主体となる。

このように身体醜形恐怖は決して治りやすい疾患ではない。

2．身体醜形恐怖の歴史的由来

100年以上前から，身体醜形恐怖の精神障害があったと考えられる。20世紀初頭のウィリアム・ステッケルは1949年に「身体について心配するようなある特徴的な強迫的思考を持った一群」として「自分の身体の一部分について，いつも捉われている人々の一群があり，一つの例として，それが鼻だったり禿げ頭だったり，耳，目，胸，生殖器だったりして，それが本人にとって非常に苦痛である」ということを書いている。

この病気が身体醜形恐怖と呼ばれるようになったのは1987年からであるが，それより以前は，イタリアの精神科医で身体醜形恐怖の患者を数多く診たエンビケ・モルセリという人が作ったdysmorphophobiaという言葉が一般的に知られていた。ギリシャ語で，特に顔について「醜い」という意味を表す言葉で，ヘロドトスの『歴史』に初めて出てくるdysmorphiaという言葉からきている。その中で，女神の手によって撫でられ，スパルタの中で最も美しい女性になり，後にスパルタの王様と結婚した「スパルタの最も醜い少女」という伝説についても述べられている。

ヘロドトスは次のように書いている。「シータという名の乳母は毎日自分の子を抱いて神殿に向かい，神像の横にその子を寝かせ『この子の醜い顔を何とかして治して下さい』と神に祈った」[4]。

ヨーロッパや日本，ロシアの文献にも記されている。クレペリンはこれを強迫神経症と考え，それを記載している。フランスの精神医学者であるピエール・ジャネーも醜形恐怖を強迫観念と考えていたものであり，フロイト自身，あの有名な狼男のケースを取り上げ，それは強迫的に自分の鼻の大きさにこだわっているとして症例を述べている[4]が，この症例こそまさに身体醜形恐怖の一種と考えられる。

米国では，1980年になって初めて本格的研究が始まった[3]。アメリカ精神医学会作成のDSM-III（1980）に初めて「醜形恐怖」と記されて現れた[3]。「身体醜形恐怖」という言葉はDSM-III-R（1987）に初めて登場し，そこで初めて今日われわれが使用している用語につながってくる。

DSM-IV（1994）の記載では，身体醜形恐怖の中で妄想的なレベルのものが一番治療が困難な病像と考えており，それは妄想的身体醜形恐怖と記さねばならないとしているが，表記は身体醜形恐怖および妄想性障害という診断も加え，2つの診断を記さねばならない。

身体醜形恐怖に関しては，各国で報告されていた。Philips KAはその著書「The Broken Mirror」[4]で次のように報告している。

「日本からの報告では，筆者が見たケースと似たようなものがいくつかありました。1人は25歳の男性で，自分のたるんだ鼻と，いつもしかめっ面に見える眉毛のせいで悩んでいました。もう1人の28歳の女性は，自分の鼻の形が歪んでいると思い込み，それをブラシで叩かれたせいだと考えていました。6度も手術を受けたのですが，彼女の心配がなくなることはありませんでした。3人目は25歳の女性で，自分はたれ目であるということ，鼻が変な形をしているということ，眼球の本来は白目であるべきところが黄色い色をしていることで悩んでいました。彼女は4回も手術を受けたのですが良くならず，そのうちの1回のせいで，鼻の調子がおかしくなったと思い込んでいたと言います」。

日本で身体醜形恐怖が注目され始めたのは，1990年をまわった頃である。このような日米の10年間の開きがあるのは，いずれの病気についても日本は米国に10年遅れて研究が始まるということとも符合する。

3．身体醜形恐怖の疫学と原因

　現在では，ICD-10（1994）[5]でもこのような身体醜形恐怖を扱っている。ICD-10とはWHOの診断基準である。今現在では，米国も日本も身体醜形恐怖という言葉は一般的になっている。もちろん米国の有病率には及ばないが，日本の有病率も極めて高いものである。

　先進国であるほど有病率が高くなるのは当然である。アメリカの場合，スーパーマーケットのレジには綺麗な女性が表紙を飾る本が所狭しと並んでおり，それを見ながら待っているという状態が，身体醜形恐怖を一層強めている一つのきっかけである，ということはよく言われる。

　自分の顔や身体を気にすることは，当然よく見られる。アメリカのある地区で3万人を調べたところ，女性の93％，男性の82％が自分の見かけを気にしており，そのためにそれを改善しようとしている。つまり自分の顔や身体が醜いと考え，それをより良くしようという努力をしていると報告している[3]。

　このように，身体醜形恐怖は文化的な影響を大きく受けるものであり，例えば欧米では鼻を低くしたいと希望する人がかなりいるらしいが，日本では鼻を高くしたいと希望する人がほとんどである。これはまさに人種的ならびに文化的な違いということができる。

　身体醜形恐怖の疫学というものは，十分に調べられてはいない。米国のデータでは，病院では5～40％の身体醜形恐怖が見られるとし，かつまた形成外科，美容外科や皮膚科では，醜形恐怖は6～15％見られると報告されている[1]。

　身体醜形恐怖は多くは思春期に発症するが，時には学童期に生ずることもある。身体醜形恐怖が診断される時点では，すでに相当時間が経っていることが多い。どうしても外に出られない，仕事ができない，というような外的な苦痛が伴うようになって，初めて精神科を訪れ，その時になって初めて身体醜形恐怖と診断されている。

　このような身体醜形恐怖の人の多くが美容形成を望む。筆者のデータでは約80％前後の人たちが美容形成を強く望んでいる。しかし，実際に受ける人は10％前後と筆者は推定している。一方で，多くの患者は手術に関しては正直に答えないことが多いので，推定に過ぎないことが多いものである。

　誰が見てもちゃんとした顔をしているのに，本人は醜いとして美容形成を受ける

ことで，かえって自分の顔を醜くしてしまうという事態にぶつかるのである。あまりそのことに頓着しない美容外科医は，手術を本人が希望するのだからする，ということが多い。しかし「まず精神科の先生に会ってみて，それでよいというならばしましょう」とするのが良心的なあり方だと思う。

　また，美容外科医がこの身体醜形恐怖を診断できれば手術の危険を避けることができる。さらに，もっと実際的なデータを提示できるのであるが，美容外科医は意外に身体醜形恐怖という診断名を知らないことが多いものと思われ，十分なデータは集まっていない。

4．精神医学とメイクアップセラピー

　ここでは，身体醜形恐怖およびそのほかの精神医学とメイクセラピーのかかわりについて述べる。

1）身体醜形恐怖とメイクセラピー

　身体醜形恐怖は当然メイクセラピーの対象になる。特に若い人に身体醜形恐怖は多い。自分の顔や体のことを一番気にしている年代である。彼らにとってほんのわずかな顔の部分でも，自分の思うように変えてもらうことを切実に願っているものである。

　身体醜形恐怖の人は，すでに述べたように恐怖症型，強迫観念型，妄想型と3つに分けられる。特に恐怖症型と強迫性障害型では，メイクセラピーによってうつ気分が晴れ，堂々と外を歩けるようになった例はたびたび経験した。

　ある女性は目と鼻の間に黒いクマ（隈）ができるとして来たものであった。そのために顔が醜いとして外出できなかった。しかし，黒いクマはまったく認められず，筆者は彼女に「それは身体醜形恐怖症である。だから病気であり，それを治さねばならない。特にあなたの場合は強迫観念に近い」というふうに説明した。彼女は病気ではないと主張したが，今までの多くの人の例や歴史的な由来，診断基準などを説明することによって，ようやく"病的なのかな"と認識されるに至った。これはある意味で，病気というラベルを貼ることによって，病気を治すという意識を高めるという，認知行動療法的な考え方である。

　この場合，筆者はある程度楽になるところまで進めることができたが，後にメイクセラピーを行ったところ，頬の部分が滑らかになり，顔全体がややすっきりとし，

特に頬の盛り上がりは軽くなった。そのことで彼女は自分の顔に少しずつ自信を持てるようになり，今や恋人を見つけ自由に外出できるレベルになり，また仕事もできるようになった。それまでの彼女は当然ひきこもるだけだったのである。

　また，別の22歳の女性は「自分の目はキツネ目で，両目が下の方向に向いている」という醜形恐怖を持っていた。そのため家に居るばかりで，たまにパソコンを触るだけの生活であった。筆者の外来に来た時にメイクセラピーを紹介し，まもなく彼女は行ったのである。それからしばらくして，パソコンのゲームソフトを作る会社に就職し，グラフィックデザインを中心としたソフト作りに集中することができた。また，その力量が高く買われ，その会社にずっといて欲しいと社長に頼まれるほどになった。

　彼女は「メイクセラピーは，自分にはあまり意味はなかった」と当時語っていたが，それをきっかけに会社に勤めることができ，自分の実力を磨き発揮できたということは，少なからずメイクセラピーの意味があったと思われる。この場合，メイクセラピーがどの程度まで効果があったのかわからないが，少なくともメイクセラピーを受けることによって，立ち上がるきっかけをつかんだことは確かである。その意味で，メイクセラピーのメイクというより，メイクに伴う心理療法やスキンシップが大きな意味を持ったものと思われる。しかし，これも大きく言えばメイクセラピーの効果だと言ってよい。少なくともこのメイクセラピーをきっかけに，彼女は外で堂々と働くことができ，恋人も作り，そして海外に遊びに行く計画も立てるようになるなど，普通の人以上の適応力を得たのである。

　この2例を見ても，すでに述べたようにメイクセラピーというものが，メイクそのものと，メイクをしながら語りかけ勇気づけていくサイコセラピー，つまり心理療法と，実際に顔に触ってあげるというスキンシップの要素，この3つの要素をもっていることがうなずける。どれが一番効果的であったかは，みなそれぞれの働きをしているので一概には言えないが，メイクそのものが中心となるのは当然であるが，副次的な効果も当然評価しなければならない。

2）中高年〜老年期のメイクセラピー

　一番効果があると思われるのは，老人ホームで行われるそれで，メイクセラピーを行うと，老婦人たちがみな生き生きするということである。これはどんな人にも効果が顕著に現れるものである。特に老人性の軽いうつ病などは，メイクセラピーで大きな効果が得られる。

まず第一に，もちろんメイクそのものによって自分が美しくなる，若返るということが一番大きな効果であるが，老人のような皮膚に，メイクアップセラピストが直接手で接してくれることも，ある意味でスキンシップとしての効果があると考える。そしてまた，メイクアップセラピストがこのような老婦人たちに話しかけることも，彼女たちにとっては大きなサイコセラピーである。
　次いで効果があるのは，更年期障害にさしかかった中年期の婦人である。老いていくことへの恐怖を持っていたり，さらに軽いうつ病が伴っていたり，自律神経症状が伴っている場合には，メイクセラピーが有効であったことを筆者は確かめている。
　ある更年期の女性が，かづきれいこ氏のメイクセラピーのセッションに参加した。うつ向いた地味な女性であったが，メイクセラピーを受けているうちに，一挙に若い子どものような笑顔を浮かべて喜んでいたことが印象的である。参加者の前でも堂々とその喜びを語っていた。このような更年期前後の女性の軽いうつ病，あるいは更年期障害（自律神経の症状）には効果があることが確かめられた。また，老いたという考えにとりつかれているうつ気分の人にも大きな効果を及ぼすものであった。

3）傷などがある場合のメイクセラピー

　熱傷や交通事故後の顔の傷をメイクによって少しでも外見が改善すると，彼らの気持ちは明るくなり，外界への適応力が増すことが確かめられている。熱傷や交通事故後，顔に外傷を持っている人は，多かれ少なかれうつ病や対人恐怖を持っているからである。彼らの中には，メイクによって傷がほとんど目立たなくなった人たちもいる。そのような人たちこそ，まさにメイクセラピーによって救われている人たちである。

おわりに

　メイクセラピーは，筆者流にそのセラピーの中身を整理するならば，メイクそのものの効果と，メイクしながら語りかける心理療法，さらにセラピストが直接顔に触れるというスキンシップが主な作用を及ぼすセラピーであると考える。
　最初に筆者が身体醜形恐怖の患者の治療に困り果てていた時，その外来にたまたま来ていたメイクアップセラピストのかづきれいこ氏から「私がメイクアップをや

ってみましょう」と提案を受け身体醜形恐怖のメイクセラピーが始まったのである。その身体醜形恐怖の患者は強迫観念型ではあったが，大きな成果を収めた。それ以後，身体醜形恐怖の患者をかづきれいこ氏に紹介する機会が多くなった。

　他方，氏のメイクセラピーのセッションにたびたび参加することによって，若さを失うことに怯えている中年期の女性，特に更年期障害を持っていたり，うつ気分が見られる人に対するメイクセラピーの効果を目の当たりにしてきた。また，かづき氏の話を聞くと，老人ホームの女性たちにも大きな効果を与えるという。それは以上述べてきたことを考えれば，当然予想されることである。

　また，顔の熱傷および外傷を持つ人にもメイクによる作用のみならず，それを通じて劣等感，対人恐怖，うつ気分を改善することを筆者も観察している。

　このようにメイクセラピーは身体醜形恐怖のみならず，広く女性の気分障害や自律神経症状を改善する力があり，今後いっそう精神障害の人，特に女性に朗報をもたらすことが期待される。問題は，今後同じような症状を持つ男性にメイクセラピーはどう働きかけることができるかということであろう。

●文献
1) American Psychiatric Association : Diagnostic and Statistical Manual of Mental Disorders (Fourth Edition), Text Revision. American Psychiatric Association, Washington DC, 2000
2) 町沢静夫：醜形恐怖. マガジンハウス, 東京, 1997
3) Sadock BJ, Sadock VA : Comprehensive Textbook of Psychiatry, vol 1. Lippincott Williams & Wilkins, Philadelphia, 2000
4) Phillips KA : The Broken Mirror. Oxford University Press, New York, 1996
5) 中根充文, 岡崎祐士：ICD-10「精神・行動の障害」マニュアル. 医学書院, 東京, 1994

　　　　　　　　　　　　　　　　　　　　　　　　　　　　　　　　（町沢静夫）

Key words：カウンセリング　リハビリメイク　グループアプローチ

顔と心にアプローチするリハビリメイク®
―カウンセリングの視点から考察したかづきれいこ氏の方法―

はじめに

「顔のことなんて気にすることはない，人は心だ」と，顔について深く悩んでいる人にいくら説得しても，人の心は簡単に変化できるものではない。まして，そのために社会に参加することはおろか，文字通り外に出ることさえ苦痛だと感じる人にとっては，昨日と同じ顔なのに今日から気持ちだけを入れ替えて外に踏み出すことは，困難である。

しかし，メイクアップセラピーという一つの手段を利用すれば，その共同作業の中でメイクアップセラピストとメイクを受ける人の間に信頼関係が生じて心が解放された状態になり，人々の心が動かされ，一つの有効なセラピーとなり得る。その数々の例を，筆者はこれまで，リハビリメイク®の発案者であるかづきれいこ氏の傍で1年にわたって見てきた。

リハビリメイクにおいて，メイクを受ける人に行われている具体的対応や援助の方法について，カウンセリングという視点から捉えて述べる。

1．リハビリメイクが求められる背景と意義

リハビリメイクには，外観，特に顔に悩みを抱えた人達が訪れる。原因にはいろいろあるが，たとえば先天性の太田母斑などのいわゆるあざや，血管腫などの疾患，また熱傷や交通事故など後天性の事故による瘢痕（傷跡），口唇裂や頭頸部癌の手術による瘢痕や欠損などが挙げられる。こういった人の多くは，一度は医療機関を訪れて相談したり，治療を受けている。

一般的には，先天性の疾患による悩みをもった人と，後天性の事故や疾患による悩みを持った人では，疾患を受け入れる過程に多少違いがあると思われる。

前者の場合は，生来そうであったため本人は疾患に対してさほど気にしていない人もいる。しかし，場合によっては，親の方で子供の疾患を気にしていたり，受け入れられないでいるようなこともある[1]。こうした家族や周囲の反応によって本人も疾患を意識するようになり，人間関係に微妙な問題を抱えている場合も少なくない。

後者の場合は，自己像の象徴とも言える「顔」を喪失したという大きな「対象喪失」の体験[2]となっていることがある。対象喪失は重大なストレス要因となり，喪失を受け入れるまでには，一連の心理過程[2]をたどり，落胆や絶望の情緒体験が生じることもある。

　前者の場合も後者の場合も，本人およびその家族が疾患や喪失をスムーズに受け入れていくことができるよう，医療機関がサポートしていくことが大切である。しかし，治療中にカウンセリングなどの精神的サポートを受けている人はごく少ない。それは，精神的援助を行う体制が整っている病院はまれであること，またたとえ整っていたとしても自ら精神科や心療内科などの受診を希望しない限り（またははっきりした精神症状を呈さない限り）受診できないことによるだろう。

　現代日本の医療機関で行われるのは生命の保証，いわゆる"cure（キュア）"の部分であり，社会的に生きていくための援助"care（ケア）"まで行われることは少ない。命に別状はない問題は「命が助かったのだからこれ以上望むのは贅沢な問題」などとされる。現代の医療をとりまく制度や経済状況の中でそこまで求めることは困難かもしれない。しかし，いずれにしても外観に関する悩みをもつ患者のクオリティ・オブ・ライフ（QOL）までともに考え，社会復帰を援助していくための取り組みが，これまで少なかったことは事実であろう。

　しかし，先天的であれ後天的であれ治療が終了した患者には，現実に社会復帰するにあたって困惑してしまうという現状がある。問題があると感じられた，その顔のまま社会生活を送るための方法について，真剣に考えざるを得ない立場に追い込まれる。患者は，誰に（あるいはどこに）相談すればよいのかわからなくなってしまう。この問題を積極的に解決しようとすると「顔じゃないよ，心だよ」といった極めて正論的な言葉に代表されるような，外見について悩むことを愚劣とするわが国の風潮が，本人の意欲を妨げてきた可能性もある。

　一方で，近年の社会全般における美意識の変化はめざましい。われわれが今日，さまざまなメディアを通じて画像からの情報を受配信しない日はなく，これら画像を重視した情報化社会，また世界的な高齢化傾向[3]などが，その原因と考えられる。美への追及は多角的になり，アンチエイジングや美容医療といったこれまでごく一部の人にしか求められなかった方法さえ一般化していく傾向にある。

　このような状況の中，リハビリメイクの参加者には，顔に関する悩みを何とか解決できないか，生きやすくならないかという切実な思いを抱えてやってくる人が多い。この問題を解決するために，これまであらゆる方法を試し探って来たという人

も多い。今回も半信半疑ながら一縷の望みを託して参加している場合もある。そのような参加者に共通しているのは，この問題の解決のためには，医療機関だけでは不十分らしいということをすでに知っていることである。

○リハビリメイクの意義とねらい
　メイクアップセラピストにより，下記のような意図をもって行われる。
1) 顔の傷やあざを目立たなくし，安心して社会的な生活を行うための一つの方法を提示する。また，落ちたり服に付いたりする心配をさせない。
2) 本人が気にしている問題点だけを見るのでなく，顔全体をとらえ，その人の顔の特長を活かすメイクを行う。つまり，顔の特長（チャームポイント）を一層際立たせ，自他ともにそちらに視点が向くようなメイクを行う。
3) 現在は自分の顔を受け入れることのできない人もいずれ，自分の顔を肯定（受け入れることが）できるようになっていくことを目標とする。
4) 外観に対して自信を回復すること，人間関係や社会を避けることなく積極的に参加できるよう，動機づけを得る。

2. リハビリメイクの方法

　カウンセラーである筆者の視点から捉えた，スタジオで行われているリハビリメイクの方法を説明する。

1) 対　象
　顔や身体に悩みがあり，リハビリメイクに関心があって希望し，申し込んだ人。性別・年齢を問わない。

2) 方　法
　通常は，グループアプローチ（グループワーク）[2]の形態をとる。申し込み順に4～5人のグループにし，1グループ4～5時間かけて行う。グループ全員が終始いっしょに，一室で行う。

　　(1) リハビリメイクを始める前
　メイクアップセラピスト1人と参加者全員とが向い合うように座って行う。席は

強制ではなく随時移動可能である。

　参加者に，グループアプローチであることの了解を得る。1対1でのメイク指導でないことには，次のようなねらいがある。
(a) 自分以外の参加者のリハビリメイクを見ることでリハビリメイクの効果を実感し，参加への意欲を高める。
(b) 顔の傷やあざを気にして人の視線を避ける傾向のある人が，まず他の参加者の視線に慣れることで，恐れなくなるための最初の機会を得る。
(c) 顔の傷やあざを集団の中でオープンにすること，顔に関する悩みを人に話すことで，それまで閉ざしていた感情を発散し，心を開く機会を得る。
(d) 一人一人が集団の中で，さまざまな気づきを経験する。
(e) 醜形恐怖[4]の人が，自分の問題は顔そのものにあるのではないということに気づく機会を得る。

　事前に受付票に住所，氏名，これまでの既往歴や自分の気になるところを記入しておいてもらう。

　メイクアップセラピストはそれを見ながら，参加者全員の前で，最初の1人に話しかける。顔や身体のどこが気になっているか，どんな時に，どのように気になるか，どうなるとよいと思うか，原因となった出来事，治療の辛さ，現在の心境，なぜリハビリメイクを希望したか，などを本人が話したいと思う範囲で話しあう。会話の中で相手の心情を引き出していく。しかし，参加者が言いたくないことは無理強いせず，本人の自由意志に任せる。1人が終わったら，次の人に移る。

　参加者の緊張をほぐすため，話はあまり堅苦しくならないように始める。実体験や世間一般の話題などをもりこみ，参加者の感想を聞いたりしながら，話に参加してもらうようにする。内容は次第に参加者共有のものとなっていく。その中で前述したようなリハビリメイクの意義とねらいを説いていく。

(2) 実際にメイクを行う
　最初はメイクの効果を把握させる目的で顔の左右どちらか片方しかメイクを行わないため，顔のどちら側が気になっているか，確認する。
　あざや傷の有無に関わらず，まず顔をよく観察する。このとき，本人が気になっているという箇所を，客観的に捉えて，本人に確認する。そのほかに気になっている部位があるかどうかを聞く。それは，メイクアップセラピストが局所のみにとらわれず顔全体のバランスを考えているためで，できるかぎり本人の希望や好みに応

えることにより，メイク終了時の満足度を高めるためであろうと思われる（なお，客観的に目立つとは思われない部位を「気になる」と言う人は非常に多い）。

メイクをしながら，その人の顔の特長と思われた点を誉める。

メイクを進行していく過程では，気になっている部分をどのようにカバーするために何をしておくかということを説明する。

ファンデーションを塗布し終わった段階では，肌がべとべとしないことを，本人の手のひらを用いて，素肌の方と比較して確認させる。肌の爽快感については，必ず本人に確かめさせ，納得を得ながら行うようにする。

メイクをしながら，"自分で覚えるように""自分でやると技術が向上する"こと，"いざというときにはこの方法でメイクすれば，心理的に楽に人前に出られる"こと，"気に入らなければメイクは取れば元に戻ること"を話す。一方でメイクを取るとあざや傷が存在しているという事実，メイクをしない顔も自分自身のものであることを受け入れることの大切さを話す。同意を得ながら，自覚を促すように話しかけていく。

（3）メイク終了後

顔の半分のメイクがすべて終了したら，まずグループ全員の方に向いてもらう。グループ全員には，何もしていない半分の顔との比較をしてもらい，変化した印象について自由に感想を述べてもらう。

つぎに，本人を鏡の前に連れていき，何もしていない顔との比較をしてもらう。素顔とメイクの顔を半分ずつ隠して，どのような印象に仕上げたいと思ってそうしたかというメイクの意図や，メイクで何をどのように変化させたか，説明する。その人の魅力は何で，どのように強調させたか，などについてもここで説明する。また，すべてが終了した段階でなお肌の爽快感に変わりがないことについて，本人の手を用いて素顔の方と比較，確認してもらう。化粧直しはあまり必要としないことや，落とそうと思うまで落ちないこと，落とし方などを簡単に説明する。気になる部分があるかどうか，本人が納得できたかどうか，確認する。

このメイクは自分が楽になれるための一つの方法であり，今日はそのための一つの案を提示したに過ぎないこと，次からは自分で習得することの重要性を説明する。慣れればメイクに多くの時間をかけず日常生活の負担とならないことも説明する。

また，ここで改めて，メイクをとったら事実は存在すること，そんな自分も受け入れてほしいことを話す。隠すわけではなく，受け入れ，かつ自分の魅力を自覚して欲しいことを，同意を得られるように話す。

別のメイクアップセラピストが，残り半分の顔にメイクを行う。

メイクアップセラピストは参加者全員に，今のメイクの率直な感想や本人が気になると言っていた点がどのように改善されたかなどを問う。自由に話しあい，結果を共有する。次の参加者のメイクに移る。

3）カウンセラーによるカウンセリングを必要とする場合

グループアプローチであることに同意が得られなかった場合や，始まってから人前で個人的な話がしにくそうだと判断された場合，またメイク終了後に感情的になった場合など，必要だと判断された場合や本人が希望した場合は，その場に待機しているカウンセラーが個別にカウンセリングを行う。筆者は，リハビリメイクの日には常にメイクの現場に立ちあい，個別のカウンセリングを行っている。

また，自分の顔こそリハビリメイクが必要だと真剣に思いこんで来る人の中には，「醜形恐怖」と呼ばれる病気に該当すると思われる人がいる。これは，実際は顔や体のどこにも本人が訴えるようなトラブルはまったく見つからないが，自分の顔や体が醜いと思いこみ，そのために日常生活にまで支障を来す病気[4]である。このような傾向の見られた人にも，個別カウンセリングを行っている。

いずれの場合も，カウンセラーによるカウンセリングが必要かどうかはメイクアップセラピストが判断し，本人の同意を得るか本人から希望した場合に行っている。

3．カウンセラーによるカウンセリング

前述のように，メイクアップセラピストが必要と判断した場合，本人の同意を得てから行う。もしくは本人から希望した場合に行う。

1）個別カウンセリングの対象者
　(1) グループ・アプローチでは自分について話をすることに抵抗がある場合
　(2) リハビリメイクだけでは満足感が得られない場合
　①醜形恐怖の場合
　②疾患などについての悩みがある場合

2）方　法
　(1) グループ・アプローチでは自分の話をすることに抵抗がある場合

原因となった事故や体験が心的外傷となっていたり，または，顔の傷やあざに関する複雑な事情から人との交流に抵抗を感じる場合がある。このような時，そのリハビリメイク参加者が望むメイクがどのようなものであるかを聞くため，あるいはその人（以下，クライアントとする）が希望した場合，カウンセリングを行う。
　こうしたクライアントの中で実際に日常生活まで支障を来している人は少ない。しかし，これまで人に話さなかった悩みを初めて人に話す機会を得，結果的に問題を直視することになったケースは多く経験した。
　心的外傷体験を一緒に話し合うことでカウンセラーはクライアントの感情の発散を促す。また，支持的に接する中で，問題に対する視点を変えるよう勧めたり，場合によっては関係した人と話し合うことを模索する。

(2) リハビリメイクだけでは満足感が得られない場合
①醜形恐怖の場合
　客観的にメイクの効果を感じても，醜形恐怖のためにメイクを行った顔をも受け入れられないことがある。妄想ともとれるような思い込みが見られる[4]こともあり，カウンセリングが困難となることも多い。このような場合は，クライアントの思いを支持的に接しながら聞き，クライアントの問題が顔ではなく別のところにあることに気づくよう促すカウンセリングを行う。
　また，客観的によいと思われるメイクを受け入れられなかった人が，カウンセリング後には受け入れられるようになったという，カウンセリングが非常に効果的だった例も経験した。このクライアントは自分の生き方や今まで築いてきた人間関係に対し，否定的な気持ちをもっていた。この時のカウンセリングでは，共に話し合う中でクライアントの長所と思われる点を探したり，これからどうやったら改善していくかを考えることで少しずつ考え方を変え，希望や自信を取り戻すよう促した。

②疾患などについての悩みがある場合
　顔のことでいじめられた経験や重篤な疾患をもっているなど辛い経験がある人にも個別のカウンセリングを行う。その体験を受容的に聴くことで，今まで家族にも話さず抑圧してきた感情の発散を促す。支持的にいろいろな話を聴きながら，クライアント自身がもつ外観の悩みを乗り越える力に気づいてもらう。また，外観を乗り越えて生きること自体に大きな意味と価値があることを確認し合う。リハビリメイクを通じて自分と同様の状況の人に出会い，自分もようやく前向きになれたと語る人も多い。

表1　カウンセリングの効果（全24例中）

考え方が前向きになることができた	3 case
カウンセリング終了時に気持ちがすっきりした，楽になった	16 case
特に効果がわからなかった	5 case

3）結　果

　統計を取り始めてから執筆までの2002年1月から8月まで計13回のリハビリメイクが行われ，計63名が参加したが，そのうち22名（22名のうち2名は2回行ったため計24回）に対し，個別のカウンセリングを行った。カウンセリング後の自主的な感想をもとに作成した結果は，表のとおりである（表1）。

　精神科におけるカウンセリングと比較して，一度だけのカウンセリングでも効果があったと感じられるケースが多いという印象を受けるが，それはリハビリメイクに参加する人は，精神障害を伴うことが少なく，顔についての悩みがなければ日常生活において適応できる，または本人が望むような充実感をもって生活できるだけの精神的な健康度が高い人が多いためと考えられる。

　以前に医療機関などでカウンセリングを受けたことがなく，この機会に受けることができてよかったと報告があったケースも見られた。

4.　考　察

　リハビリメイクを受けた人は，機能的に次のような実感を得る。本法の実用性，すなわち，傷やあざをカバーしてもベタつかず，素肌のようにさらっとしているため厚く塗った感じがしないこと，落ちにくいこと，そして全体として若返りの効果があること，である。

　これらの心地よい皮膚感覚，今まで（事故で傷やあざを負った後）見たことのないあざや傷のない自分の顔を鏡で見ることによる高揚感，これからはいざとなれば「この顔」をつくることで人の視線を気にせず楽な気持ちで人前に出られるという安心感，開放感，希望が生じるのである。その効果でメイク前の表情よりも，ずっと生き生きとした，その人らしい個性が感じられる表情となる。

　こういったメイクの機能による心理的変化は大きいが，ここでは，リハビリメイクというコミュニケーションを通して行われているカウンセリング効果について特

に焦点をあて，考察を深めてみたい．

1) グループ・アプローチという形態の利点

　リハビリメイクが始まる前は，緊張と不安で下を向いている人がほとんどである．しかし，参加者にメイクが行われ，マッサージの効果で若く見えるようになったりメイクにより傷やあざがきれいにカバーされるのを目の当たりにすると，身を乗り出して夢中になって観察する，という行動の変化がほとんどの人に見られる．

　一人一人メイクが進んでいくと自然と会話が生じ，交流が生まれる．メイクの過程で傷やあざ，火傷のために受けた過去の体験を語ることもあり，周囲はそれに耳を傾ける．その話を聴くことで自分の思いを重ね，共感の思いで泣き始める人もいる．自分も辛い思いをしたが，それは自分だけでなく，もっと大変な経験をした人もいることを知り，自分より重度の外観のトラブルをもつ人が自分より生き生きと前向きに生きている姿に心が動かされる人も多く，人々の中にカタルシス（心が浄化されるような体験）[5]が起こる．

　また，醜形恐怖の人がグループにいる場合，傷やあざのためにリハビリメイクを受けに来た参加者は最初，「なぜ彼女（彼）が，傷やあざがまったくないにも関わらず来ているのだろう」と戸惑う．しかし，本人が心の問題で悩んでいることが理解できていくにつれて，「顔のどこにもあなたが気にしているようなものは見えないよ．本当よ．大丈夫」とその人を励ましていることが多い．傷やあざで悩むことも大変であるが，傷やあざがないのに悩むことの大変さに気づくからである．逆に醜形恐怖の人にとってみれば，家族や周囲の人が「あなたの顔には何のトラブルもない」と何回言っても効果がないものが，実際に傷やあざのある人からの同じ言葉は，信憑性のある言葉として受け止められているという印象を受ける．

　このように本人達も意識しないままカウンセリングが行われていることも少なくない（表2～4参照）[6]．そのうちに，心が解放される．そして，人の視線を気にしない，その人らしい豊かな表情が見られるようになるのである．

　このように，グループで行うことにより，互いに「共感」し，「受容[7]された体験」をし，「自分と似た人を見ることにより自分を客観視」し，そのことによってさまざまな「気づき」を得ることができる．

2) 個別アプローチ：メイクを媒介としたコミュニケーションがもたらすもの

　リハビリメイクは集団で行うが，メイクの作業自体はメイクアップセラピストと

表2　集団精神療法の何が治療的に働くのか

スラブソン（Slavson S）
1. 転移
2. カタルシス
3. 洞察
4. 現実検討
5. 昇華

フークス（Foulkes SH）
1. ほかの患者にわかってもらえた
2. 自分一人が悩んでいるのではない
3. 人の振りをみて自分の問題について学ぶ
4. 具体的な説明や示唆を受ける
5. 集団全体の無意識が活発になる

（近藤喬一ほか：集団精神療法ハンドブック．p72, 金剛出版, 東京, 1999より引用）

表3　集団精神療法の何が治療的に働くのか

1.	Acceptance	グループに受け入れられたと感じる
2.	Altruism	他の患者を助けて，自分が役に立っていると感じる
3.	Universalization	自分一人が悩んでいるのではない
4.	Intellectualization	自分の行動パターンなどについて理解する
5.	Reality Testing	自分の考え方や，感じ方をグループで確かめる
6.	Transference	治療者や患者に強い感情をもつ
7.	Interaction	グループのなかで対人関係をもてる
8.	Specter Therapy	他の患者のしていることから，自分について学ぶ
9.	Ventilation	人前で言えなかった気持ちを言う
10.	Miscellaneous	共通体験を話したり，昇華，構えない態度など

Corsini & Rosenberg（1952）による
（近藤喬一ほか：集団精神療法ハンドブック．p73, 金剛出版, 東京, 1999より引用）

参加者による1対1の個別対応である。ここで行われるコミュニケーションについて，参加者の立場から考えてみたい。

　参加者のほとんどは，普段なら素顔を人に見せること，近づかせることや，まして顔に触れられることなどについて，かなりの抵抗を感じるはずである。しかし，自分が捜し求めてきた，気になる部分をカバーするための方法に期待を抱いてこの

表4　集団精神療法の何が治療的に働くのか

1.	Instilation of Hope	他の患者が良くなるのを見て，自分もという希望を持つ
2.	Universality	自分一人が悩んでいるのではない
3.	Inparting Information	情報の交換
4.	Altruism	他の患者を助けて，自分が役に立っている
5.	The Corrective Recapitulation of the Primary Family Group	自分の家族のなかで体験したことの繰り返し
6.	Development of Socializing Technique	人付き合いが上手になる
7.	Imitative Behaviour	人のまねをしながら自分の行動を考える
8.	Interpersonal Learning	対人関係から学ぶ
9.	Group Cohesiveness	グループがばらばらにならないこと
10.	Catharsis	語ることによって重荷を下ろす
11.	Existential Factors	究極的には人は自分一人で現実に対決し，責任をとる

Yalom I（1975）による
（近藤喬一ほか：集団精神療法ハンドブック. p73, 金剛出版, 東京, 1999より引用）

場に臨んでいる人も多い。緊張を伴いながらも，勇気をもって，その顔をメイクアップセラピストに託すのである。

　メイクアップセラピストは，そのような参加者に対して受容的な態度で接しながら，その人にとってベストと思われたメイクアップを真剣に行う。当然ではあるが息もかからんばかりの至近距離で，肌に触れながら行われる。その人の美を引き出そうとするその気迫は，文字通り参加者の肌を通じて伝わる。こうした非言語的コミュニケーションの中で，自分を一個人の人間として大切に扱ってもらえたという喜びを得る参加者は多い。尊重されたという安心感，信頼感が生じ，自尊心を高めるのである。

　また，これまであきらめていた流行が自分の顔にも取り入れられているのを見て喜びを感じる人もいる。彼らの言葉を借りれば，「自分も普通に楽しんでいいのだ」ということである。「自分は特別じゃない」と感じられた経験は，本人の自信につながっていくように思われる。

3）リハビリメイクの効果

　リハビリメイクは"機能性"だけでなく，グループアプローチ・個別アプローチ

による"心理面への働きかけ（カウンセリング）"という要素をもつからこそ大きなメイクアップセラピー効果をもたらすと筆者は考えている。自分の顔に自信をもつことができれば，外に一歩踏み出す勇気が出る。その最初の一歩を踏み出させる力がリハビリメイクの"機能性"であろう。そしてつぎに，自分を取り巻く環境の中で，充実した気持ちで生活する力を強化するのが"心理面への働きかけ"の効果であると思われる。

こうして一歩外に踏み出すことができれば，少しずつ人間関係や生活が充実したものへと変化する可能性も高くなる。時間がかかるかも知れないが，徐々に外観に対する捕われから解放される方向に向かうであろう。

むしろ外観により傷ついた人こそ，その経験を活かして人を思いやる力を育て，より心豊かに生きていく可能性をもっているといってよいだろう。人と人の心の繋がりは外観に左右されるものばかりでなく，外観に左右されることのない心の繋がりこそが深い絆であることは，誰もが知っていることである。参加者はもちろん参加者を取り巻く人々にとっても，このことに改めて気づかされる意義は大きいであろう。

4）今後の問題点と課題

現在行われているリハビリメイクのこのようなやり方は，参加者に介入[5]（カウンセリングにおけるカウンセラーの動き・働きかけのこと）し過ぎると批判を招くかもしれない。しかし，触れてはいけない問題のように顔のことを扱っていては，心を閉ざし社会との接点を得られないでいる参加者が変化することはない。彼ら自身が自分の人生を前向きに変えたいと思っているからこそ，参加した点も見逃してはならないと思われる。だからこそ，メイクアップセラピストの参加者への対応には注意が必要であると筆者は考えている。メイクアップの過程でいかに価値あるコミュニケーションを行うかが，メイクアップセラピーの質を左右することになるであろう。

カウンセリングの立場から見た場合，現在のリハビリメイクには次のような問題点があると筆者は考えている。
・カウンセリングを主とした場でないため個人の意思を尊重することになり，介入が困難な場合がある。
・メイクアップセラピストが介入を行ったり，個別カウンセリングを勧める（行う）ことで，逆に自尊心を傷つける危険性がある。また，どのような介入を行うかと

いう判断を誤ると逆効果となり得る。また，リハビリメイクに参加した人とメイクアップセラピストの間に転移（参加者が，メイクアップセラピストに対して投影する主観的な空想や感情。過去の重要な人物と自分との関係を無意識のうちに現在のメイクアップセラピストと自分に置きかえてしまう），逆転移[2]（メイクアップセラピストの方が，参加者に対して起こす転移のこと）が生じる可能性もあり，メイクアップセラピストに十分な認識，対応能力が必要となる。カウンセリング能力を向上させることは不可欠であろう。

　これらを解決するために，メイクアップセラピストの専門性とは別に，心理的サポートを行うことができる専門職を用意することの必要性を強く感じている。リハビリメイクを行う場では，例えばカウンセリング教育を受けたカウンセラーが必ず立ち会うなど，専門職同士が連携をとって行うべきだと考える。

　一方で，参加者に対して継続的に精神的サポートを行うための体制づくりもまた重要と考えている。

5）リハビリメイクの最終目標

　リハビリメイクにより気になる部分がカバーされ，顔全体が整えられていく過程の中で，メイクアップセラピストは参加者の喜びに共感を示す。しかし，同時に，メイクでカバーすることだけがリハビリメイクの最終目標ではないことを説明する。メイクをとれば変わらぬ事実は存在しているものであり，素顔も自分の大切な一部であって肯定してもらいたい旨を伝えていく。今後自分のメイクの技術が上達した結果，素顔の方を否定してしまうならば，リハビリメイクの目指す目標とは逆になってしまう。外観の美しさは，やはり充実した精神が伴うからこそ美しく見えるものであり，精神の充実は，傷やあざの存在の有無を人々に忘れさせるものであること，外観に関する価値観は一つではなくさまざまであることを，世間一般の身近な例を挙げて示し，参加者の同意を引き出していく。

　リハビリメイクでは，自分の顔の気になる部分から精神的に開放され，硬直した現在の状況を脱却し，最初の一歩を踏み出すためのきっかけとなること，また，それぞれが本来人生のなかで目指す生き方を見つけたり，さらに充実させることができるようになることを，最終目標としている。

　この目標はすでに，形になった例も現れてきている。リハビリメイクをきっかけに人々のネットワークが拡がり，「オープンハートの会」[*1]と名付けられ，有意義な活動を行っているグループがある。これは，QOLを少しでも向上させたいと願う人が集

まり，各自のQOLについて考え，QOL向上を目指し，そのためのきっかけ作りをする会である。「オープンハートの会」は，リハビリメイクの理念が参加者に伝わり，同意を得て，さらに積極的に推し進められて発展した好例と考えている。

6）現在のリハビリメイクの展開

　リハビリメイクは最近，あらゆる分野に注目されるようになってきている。一部の大学病院の医学部・歯学部[*2]では，すでに外来で医師によるリハビリメイクの紹介が行われている。リハビリメイクについての講演や講義の依頼も多い。依頼主は，医学系大学，福祉系専門学校，市町村，病院，「いのちの電話」，自宅で介護する人の会など，団体の性格・規模ともにさまざまである。また，これまでに多くの医学系雑誌[*3]にも紹介されてきた。一方で，リハビリメイクを求める人も多様化してきた。例えば老人ホームの高齢者，癌のターミナル期にある人，治療が長期にわたっている患者の会などである。なぜ，リハビリメイクがこのように多くの人々に注目をされるようになったのか考えてみたい。

　改めて振り返ってみたとき，私たちに，"病人や高齢者には，もはやメイクなど必要ない"といった思い込みがないだろうか。その人の本来の生活スタイルや価値観を考慮することを忘れ，治療や延命ばかりに視点が集中してはいないだろうか。

　高齢者となったときも病気のときも，その人の大切な人生の一部のはずで，今までの生活スタイルを失うことなく，できる限り自分らしく生きがいや喜びをもって生活したいと願うのはごく当たり前である。余命わずかとわかっている場合は，むしろ，一日一日を大切に潤いをもって過ごしたいと強く願い，身だしなみやおしゃれに重要な意味を見出す人も少なくないだろう。

　メイクを利用して，少しでも元気そうな自分の顔を見るとき，病気と闘う勇気が湧いてくることもあるだろう。家族のことを考えて，できるだけ健康的な顔を見せたいとメイクをする人もいる。

[*1] 「オープンハートの会」本部事務局：〒113-0031 東京都文京区根津1-16-10-704　FAX：020-4622-5660　URL　http://www.openheart.tv　E-mail：yes@iffley.net（2003年7月現在）

[*2] 2003年1月現在，日本歯科大学歯学部の口腔介護・リハビリテーションセンター，日本医科大学病院形成外科，新潟大学歯学部附属病院矯正科などでリハビリメイクが導入されている。

[*3] 日本医事新報社「junior」（No.416 2002.10），中外医学社「がんの在宅医療」，ファルマシア株式会社「SCOPE」（Vol.41,No.3,2002），医総研「月刊ナースデータ」（vol.23,No.10,2002），秀潤社「月刊Visual Dermatology」（Vol.1,No.8,2002），がん—医と心を考える会発行「季刊会報誌　医と心」（No.9,2002），時事画報社「Pacific friend:A window of Japan」（Vol.30,No.5,2002）など。

家族の介護に心身ともに疲れた人が，自分のためにメイクをして，その明るい顔に自らが励まされる人もいる。若さを感じる自分の顔を見たり，身だしなみを整えたりすることで，元気と自信を取り戻す人もあるかもしれない。
　このように，自分の外観が健康的で活気があるように見える（見せる）ことが，その人の心のエネルギーに繋がることがある。リハビリメイクを利用した援助は，その人を尊重し，自立を促すことに繋がっていく。QOLの向上を考えたとき，リハビリメイクは一つの有用な方法かもしれないという体験が試され，注目されてきているのではないだろうか。
　また，もう一歩進めて考えると，実はそれは特別の状況に置かれた人だけが対象だというわけではなく，現代に生きる私たち誰もにあてはまるのではないかと筆者は考えている。だからこそ多くの人の賛同を得られているのではないだろうか。

まとめ

　リハビリメイクを，カウンセリングの立場から捉えて，その方法や結果をまとめ，特長や問題点について考察した。
　リハビリメイクに対する理解が深まり広がることによって，人にとっての外観の意味を考え直し，外観よりも心の重要性に改めて気づく機会となることを願っている。

●文献

1) 角谷暁子, 中島雅美, 中村敦子ほか：口唇裂患児の精神的援助. 第27回日本看護学会集録—小児看護—；118-121, 1996
2) 小此木啓吾, 深津千賀子, 大野裕ほか：心の臨床家のための必携精神医学ハンドブック. pp48-49, pp142-147, pp515-516, 創元社, 大阪, 1998
3) 吉村浩太郎：美容外科私の方法と工夫；Facial rejuvenationの動向. 形成外科 43：S15, 2000
4) 町沢静夫：醜形恐怖. pp12-15, マガジンハウス, 東京, 1997
5) 平木典子：カウンセリングとは何か. p24, p85, 朝日新聞社, 東京, 1997
6) 近藤喬一, 鈴木純一：集団精神療法ハンドブック. pp70-73, 金剛出版, 東京, 1999
7) シュー・ウォルロンド＝スキナー：心理療法事典. 森岡正芳・藤見幸雄ほか訳, pp206-207, 青土社, 東京, 1999

（奥山智子）

5 リハビリメイク®の基本概念

Key words：リハビリメイク　QOL　外観

はじめに

　瘢痕・あざなどをメイクアップによって被覆し，また化粧の心理効果を利用して患者さんの精神的ケアを行うメディカルメイクアップは，1970年代にイギリス赤十字病院などで取り入れられた。欧米においては，医療の一環として専門の機関をもつ病院も増えている[1)～4)]。

　このメディカルメイクアップの考え方を元に，さらに発展させたのが筆者が提唱・実践する「リハビリメイク®」であるが，メイクアップによるケアのあり方は，カモフラージュ（患部が目立たないよう隠す）に主眼を置いた欧米の，あるいは従来のメディカルメイクアップとは異なる独自性を有する。

　筆者は，1995年より，患者さんの外観の悩みを軽減する手段としてメイクアップに着目し，大学病院形成外科を中心とする医療機関と連携して活動を行ってきた[5)6)]。

　以下，患者さんに接する際のメイクアップセラピストの心構えや注意点も含めながら，リハビリメイクの考え方について述べたい。

1. 定　義

　「リハビリメイク」という名称は，身体機能に損傷を負った人が社会に戻る前にリハビリテーションを行うのと同様，外観に損傷を負った人が社会に踏み出すために習得する技術という意味を込めて，筆者が名づけたものである。

　欧米の（あるいは従来の）メディカルメイクアップとの違いは，隠すことに主眼を置くのではなく，メイクアップを通して最終的に患者さんが自分の外観を受容し，社会に復帰することを目標としていることである。

2. 目的・対象・理念（ケアのあり方）

1）医療現場におけるメイクアップの目的と対象
　（1）目　的
　①医療の中でのメイクアップの目的は，美そのものではない
　メイクアップが医療に取り入れられた目的は，医学的な治療が完了してもなお瘢痕などが残る場合，それをできるだけ目立たないように被覆することである。このこ

とを理解せず，外観異常の程度によってメイクアップの必要性を判断すると，結局はメイクアップセラピストの自己満足となり，患者さんの要求するケアを提供することができなくなる。

②リハビリメイクを通して提供したいと考えているのは「他人から見て美しい外観」ではなく「本人が納得し，自己像として受け入れることのできる外観」である

メイクを始めた当初，筆者も被覆の技術の研究に力を注いでいた。しかし，外観で悩む多くの患者さんと接する中で，彼らが「ありのままの自分」を肯定できず，それが最大の精神的負担になり，社会復帰の障害となっていると認識した。こうして筆者は，かれらの社会復帰を促すためには「隠すこと」から「受容すること」へとメイクアップの目的を転換させるべきであると考えるようになった。「隠すための化粧」の域を出ない限り，メディカルメイクアップは患者さん自身の最終的な満足につながらないというのが筆者の考えである。

③リハビリメイクが目指す社会復帰支援とは，患者さんが患部を気にせずに生活できる心理状態へと導くことである

このため，われわれは，客観的に見た外観の変化の程度ではなく，患者さん本人の精神的負担の大小を重視してメイクアップを行う。「他人から見て傷がひどいかどうか」ではなく，「傷があることによって本人がどのくらい辛さや生きにくさを感じているか」を，重視してケアにあたる。

本人が患部へのとらわれから解放され，徐々に自己のボディイメージを受容できるように導く。ケアを受けることによって得られた心理的開放は，その後の医学的治療を受けることへの動機付けにもなる。そうして徐々に前向きな姿勢が見られるようになり，社会復帰が促され，クオリティ・オブ・ライフ（Qualty of Life；生活・生命の質，以下QOLとする）が向上すると筆者は考える。

(2) 対 象

重要なのはあくまでも患者さんの主観であり，自身の外観を受容できないことによって社会生活に支障を来たしている方であれば，対象と見なす。瘢痕・病変などがなく，客観的に見ればまったく正常であっても，本人が外観のために生活に支障を来たしているならば対象となりうる。

一方，どんなに外観異常の程度が著しくても，本人が社会生活を営むのに何の支障もないのであれば，リハビリメイクは必要ない。

2) リハビリメイクにおけるケアのあり方
　(1)「隠す」ことに主眼を置かない
　　最も重要な点は，リハビリメイクは「隠す」ことに主眼を置くものではないということである。
　　被覆に専心すればするほど，患者さんは患部の存在を強く意識せざるを得ない。他人から見て患部の存在がわからないほどに被覆できたとしても，「隠している」というその意識によって，ネガティブな心理状態に陥りやすい。これは「自然であること」「ありのままであること」を尊ぶ日本人の心理的特性と関係があるのではないかと筆者は考えている。「恥」の文化が根強い日本においては，「隠す」ことの後ろめたさを払拭することは容易ではない。また，完全主義で几帳面な日本人は，隠すならば完璧に隠さないと気がすまない面がある。これらが結果的に，社会復帰の妨げとなる可能性がある。
　　リハビリメイクの現場においては，顔全体のバランスを重視し，患者さん一人一人の魅力をメイクアップによって引き出し，強調することに力点が置かれる。メイクアップセラピストが患部を被覆することに専心してしまうと，患者さんは自身の患部を「とにかく隠すべきもの」「他人に見られてはならないもの」と認識し，「きれいに隠れれば隠れるほど良い（成功である）」と思ってしまいがちである。その結果，たとえ本人の被覆の技術は向上しても，精神的にはいつまでも患部へのこだわりから逃れられなくなってしまうため，避けたい。
　　具体的には，他人の視線が集まりやすい眉毛や目元などの部分を引き立てるメイクアップを行うことで，患者さんの患部への拘泥を徐々に解いていく。眉毛や目元などに適切なメイクアップを行うと，人間の視線は「きれいな」方に移るため，印象が大きく変わる。いわゆるチャームポイントを強調することで，周囲の人々および本人の患部への視線を逸らすことができるのである。
　　また，患者さんの年齢やライフスタイルに応じて，アンチエイジング（若返り）を行ったり，流行を加味したメイクアップを行うことによって，患部への拘泥の度合いを減じられる場合も多い。

　(2) 患者さんの主観を尊重する
　　多くの患者さんと接する中で，外観が個人の内面に与える影響を測る客観的な基準は存在しないことを筆者は痛感している。
　　たとえば，5cmの傷のある患者さんに比べて，5mmの傷のある方の精神的負担が

小さいとは言えない。他人から見れば些細な傷でも外出できないほど気に病む人もいれば，大きな傷でもそれほど気にせずに生活している人もいる。本人の価値観や美意識，生育歴や生活環境などによって，外観に対する感覚は大きく異なるのである。

3）メイクアップの指導とメイクアップセラピストに求められる要素

　外観に損傷を持つ患者さんにメイクをしようとする時，とかくメイクアップセラピストは「患部を何とかしなければ」と考えがちであるが，メイクアップという方法は，部分よりもむしろその人の持つ全体の雰囲気を変化させることに有効である。

　そのため，メイクアップセラピストには，患部のみならず一歩引いて患者さんの全体を見る視点が要求される。顔立ちや肌の状態をはじめ，服装や髪型，装飾品，話し方，しぐさなどから個性を把握し，その人をもっとも魅力的に見せるメイクアップを創造し提案するのである。それを，患者さん一人一人に合わせて行う。決して一律に被覆の技術を提供すればよいというものではないことを再度強調しておきたい。

　こうした，いわばオーダーメイドのメイクアップを提供し指導することによって初めて，他人から見た患者さんの印象のみならず，患者さん自身のボディイメージにも変化を生じさせることができる。

　たとえば，患者さんが患部を非常に気にしている場合，初回は患部の被覆に力を注ぎ，次の回から徐々にファンデーションを薄くしていくこともある。初めに「隠そうと思えばいつでも隠せる」という安心感を与えたうえで，本人が瘢痕・あざなどと折り合いをつけていく手助けをする。

　また，メイクアップセラピストの役割は，その人に必要なメイクアップ技術を提供することのみならず，患者さんが自身の外観の受容に至るまでのプロセスを共にし，適切な援助をすることにあると言える。すなわちメイクアップセラピストには，カウンセラーとしての資質も重要と考える。リハビリメイクにおけるメイク行為の際に，カウンセリングの要素が不可欠となるのは，ひとつには率直な気持ちを言葉にして心の浄化作用（カタルシス）を得ることが受容へのプロセスとなるからである。また，メイクアップセラピストが患者さんの精神的負担の程度や具体的な生活上の困難を推し測ることができるからでもある。

　カウンセリングの際，メイクアップセラピストが感情を顕わにすることは控えるべきである。特に患者さんへの同情を表現することは避ける。励ましの言葉なども，かえって患者さんの負担となることが多い。メイクアップセラピストには情緒の安

表1　筆者の考える「リハビリメイク」の適応（これまでの経験から）

専門科	症　状
精神科	うつ病，神経症，更年期障害，摂食障害，醜形恐怖症
形成外科	熱傷後瘢痕，交通外傷後瘢痕，血管腫，母斑，プリングル病，口唇裂，陳旧性顔面神経麻痺
美容外科	ピーリング，にきび，しみ，たるみ，しわ
皮膚科	アトピー性皮膚炎，にきび，しみ，しわ，膠原病による皮膚症状，母斑，白斑
歯　科	口唇裂，口蓋裂，矯正，頭頸部癌，審美歯科
内　科	膠原病，腎不全（透析）

定と冷静さ，客観性が求められる。もちろん，それらと患者さんに対し優しく接すること，高圧的にならないこととは矛盾しない。

3．特に効果的と思われる疾患および症状

　手術や外傷，熱傷後の瘢痕，血管腫，母斑，膠原病による皮膚の変化など，顔面を中心とする外観の変化・障害を伴う病変に広く適応される（表1）。
　以下，リハビリメイクの主な適応を4つに分けて説明する。

1）瘢　痕
　交通外傷後瘢痕，熱傷後瘢痕，悪性腫瘍摘出の手術後瘢痕など，不慮の事故や疾病などによって突然の外観の変化を余儀なくされた患者さんである。
　ある日突然容貌が損なわれてしまった自分を受け入れて生きていくことは，年代・性別を問わず，容易なことではない。実際，治療そのものは終わっても，受け入れがたい外観のために社会復帰できない例は多い。
　こうした不安定な精神状態にある方々に対し，瘢痕をなるべく自然に被覆し，かつ個人個人の魅力を強調するメイクアップを行うことによって，その精神的ショックを緩和し，以前と異なる外観の受容を助ける。それによって，社会復帰の意欲を向上させることを目的とする。
　動揺している患者さんにとって，メイクアップによってある程度瘢痕が被覆できると知ることは安心感につながる。複数回に及ぶ手術を受ける場合も，次の手術と

手術の間の時期に自分に合ったメイクアップの指導を受けることで，手術や治療に対して前向きになれる例が多い。

　Cure（治療）が中心の医療現場において，医療従事者以外の専門家によるcare（世話・手当て）が行われることが，患者さんへの力強い支援につながることを実感している。瘢痕に対しては，「社会復帰」「リハビリテーション」というリハビリメイクの目的がもっとも明確となる。

2）いわゆる「あざ」

　瘢痕とは異なり，突然起こった外観の変化を短期間に受容して社会生活に戻っていかなければならないということはない。生まれつきまたは物心がつく前に病変が出現している場合が多く，リハビリメイクを受ける段階では，ある程度の受容がなされている場合が多い。このため「社会復帰」の要素は薄いが，実はこのような事例であっても，思春期にさしかかる年齢において社会への適応に困難が生じる場合が多い。このように外観がアイデンティティに多大な影響を及ぼす時期にリハビリメイクのメイクアップ方法を学ぶことは，その後の社会への適応に対し一定の効果が期待できる。

　また，本人の受容の程度によっては，患部を被覆することよりも，それぞれの個性が持つ特性（特徴）を見極め，いわゆるチャームポイントを生かすメイクアップや，本人の年齢に即した流行のメイクアップを行うことで満足度が高まることも多い。

　あざに対するレーザーなどの治療も，思春期に行われることが多いことを考え合わせると，メイクアップによる患部の被覆効果を考慮に入れて治療方針を立てることも，今後は検討されてよいのではないかと考える。レーザー治療を行ってもあまり効果が見られない例や，手術が患者さんの負担となるような例において，リハビリメイクが有効な場合がある。

3）老化・やつれなど

　瘢痕やあざなどはないが，疾病によって外観が著しく老化したり，薬剤の副作用による皮膚症状が現れているケースである。膠原病や癌では，闘病中に顔がやつれ，実年齢よりも老けて見えることが多い。また膠原病の治療に用いられるステロイド剤は顔面のむくみを引き起こし（いわゆる満月様顔貌：ムーンフェイス），抗癌剤による脱毛は頭髪のみならず眉毛・睫毛にも及ぶ。

こうした老化・やつれ・脱毛などに対し，メイクアップに入る前に必ず顔の静脈の走行を考慮に入れたマッサージを行い，顔面のうっ血を解除する。このマッサージを行うことで，皮膚が張りと艶を増し，顔全体が若々しくなる（後述「血流マッサージ」）。その後，損傷のある患部をファンデーションによって被覆する。眉毛や睫毛の脱毛についても，メイクアップによって目立たないようにすることができる。
　たとえば，膠原病は難病のひとつであるが，現在では生命にかかわることが少なくなってきた。癌も検診の普及や治療法の進歩によって生存率が向上している。医学の進歩と高齢化の進行によって，今後は「病とともに生きる時間」がますます長くなっていく。患者さんのQOLを考える時，メイクアップによってやつれや老化をカバーし，"若々しい，元気な顔"を作ることは，その方の気持ちを引き立て，闘病生活にあって，ともすれば失われがちな"日常"を取り戻す手助けになる。

4）精神疾患

　われわれは精神科と連携して施術を行っている。主な対象は，自分の顔や体が醜いと思い込み，日常生活に支障を来たす「醜形恐怖症」と呼ばれる精神疾患である[7]。この疾患に対しては通常，精神科で薬物療法とカウンセリングを組み合わせた治療が行われる。精神科医によればカウンセリングへの導入の際に困難を来たすことが多いというが，メイクアップを併用することで比較的容易になる場合がある。
　精神科の患者さんは，瘢痕や皮膚病変といった目に見えるトラブルが存在しないという点で，1）〜3）の患者さんと異なっている。しかし前述したようにリハビリメイクの最終目的は患者さんが自己のボディイメージを受容し，それによって社会生活上の困難を軽減し，社会復帰を促すことにある。
　醜形恐怖症，拒食症，更年期の抑うつ症状などの精神疾患において，ひきこもっていたのが外出できるようになった，対人関係が改善されたなど，リハビリメイクによって明らかに行動パターンに変化を来たした例がある。

4．基本的な手技

　これまで述べてきたように，疾患の状態，患者さんの精神状態やライフスタイル，年齢や顔立ちなどに合わせたメイクを行うが，いくつかの共通する手技がある。具体的なメイクアップのプロセスについては第Ⅳ章で解説しているので，ここでは，すべての症例に共通する基本手技とその役割を簡単に解説する。

1) 血流マッサージ

　手技の第一は顔面のマッサージで,「血流マッサージ」と呼称している。洗顔後,スクワラン系のオイルや化粧水で水分と油分を十分に補った肌に,水で濡らして固く絞り美容液を含ませたスポンジでマッサージを行う。

　この血流マッサージは,静脈の流れに沿って行うのが基本である。心臓から下の静脈には弁があるのに対し,顔面の静脈には弁があってもポンプ作用がないとされる。そのため血液が逆流しやすく,顔の表面の血流は滞りがちになる。血流マッサージは,滞った静脈血を心臓に戻すために行うものである。これによって滞った血行を促進し,皮膚に張りを与えてたるみを解消する。その結果,顔立ちが若々しく見え,皮膚の状態が整う。いわゆる"メイクの乗り"も良くなる。

　皮膚に過度の刺激を与えることなく血行を促進することができるため,疾患のある肌にも行うことができる。マッサージ後,患者さんからは「顔が軽くなった」「肌がやわらかくなった」という感想が得られることが多い。

2) ファンデーションの塗布

　基本手技の第二はファンデーションの塗布である。ファンデーションは,血流マッサージと同様の方向に沿って行う。ファンデーションの種類や色,使用する量などは,患者さんの皮膚の状態に合わせて判断するが,多くの症例に効果的なのが,黄色のファンデーションである。これを下地としたり,あるいは普通のベージュのファンデーションと混色して用いることにより,皮膚の赤みやくすみ,色のむら,血管の浮き出しなどを目立たなくすることができる。

　ファンデーションを塗布した後,フェイスパウダーを顔全体に軽く塗布する。その後,色調の変化の強い部位にカバー力のあるファンデーションとパウダーを交互に薄く重ね塗りしていく。皮膚に段差がある場合は,小筆などを使ってファンデーションを塗布する。

　われわれの方法においては,ファンデーションの塗布による化粧特有の重さや圧迫感を感じることがない。これは,血流マッサージの効果によって顔面の血行が促進されたこと,ファンデーションとパウダーを薄く塗り重ねることによって,厚塗り感がなく肌がべたべたしない仕上がりになるためである。また,①簡単である,②べたつかない,③日焼けをしない,④崩れない,などの特徴を有する。

　こうした基本手技によって患部を目立たなくしたうえで,眉毛や目元,唇など,ポイントとなる部分に適切なメイクアップを行う。

3）メイクアップの指導

　メイクの習得には一定の修練が必要であり，最初から満足の行く結果を得られるわけではない．また，熱傷などで手指に障害が残った場合などは，必ずしも容易ではない．しかし，患者さん自らが行うということは心理的に見て重要である．治療や処置に関して基本的に受身の立場に置かれている患者さんにとって「自分のために，自分自身でできること」があることは，心を前向きにさせる．

　そのためには，メイクアップセラピストが指導するメイクアップは，患者さん本人に実践できないような複雑高度なものであってはならない．それまで患者さんが日常的にどのようなメイクアップを行ってきたかどうかなども考慮に入れて，指導するメイクアップの難易度を判断する必要がある．また，時間のかかりすぎるメイクアップは現実的ではない．メイクアップセラピストは，自己満足に陥ることなく，患者さんが日常生活の中で実践できるメイクアップを考案・指導すべきである．

　ただし，初回では，本人が習得できるかどうかにこだわらず「ここまで隠せる」という，リハビリメイク技術のゴールを見せることが大切である．それによって患者さんが安堵し，精神的な安定を得ることができるからである．筆者の経験では，今すぐ自分ではできなくとも，そうしたメイクアップ技術が存在するということで，本人は救われた気持ちになるものと思われる．

　なお，初回では特に，あまり時間をかけすぎないことも肝要である．筆者はリハビリメイク技術を学ぶ人たちに，15分以内でメイクアップを完成させるよう指導している．長時間かけてメイクアップを行うと，患者さんは自分の外観の異常の程度が大きいと感じるからである．

5．考　察

1）現代において，外観とは

　日本人の外観に対する意識は近年ますます高くなり，現代では年代・性別を問わず社会全体がいわゆる「見た目」を重視する傾向がある．わずかな傷を気に病んで社会生活に支障を来す例が近年増加しているというのが筆者の実感である．また，精神科医によれば醜形恐怖症も増えているという[7]．

　さまざまな映像ツールや美への欲求を煽りたてるような画像の氾濫する情報社会にあって，患者さんの要求する美のレベルが著しく高くなってきていることを，われわれは知っておくべきであろう．現代人にとって心身ともに健康に暮らすために

外観はもはや欠くことのできない要素となっている。

　従来は「美」にかかわる医療分野は美容外科などに限られていたが，あらゆる医療分野において患者さんの「美」のニーズに応えることが要請される時代が到来しつつあるのではないだろうか。

　「生命は取り留めてもらいました，でもこの傷について，このあと誰に相談すればいいのかわからなかった」「この病気とともに生きていくのですが，この外観をできるだけ普通に見せたいのですが」「家族のために，できるだけ元気な顔を見せたい」といった声を，これまで筆者は出会った数多くの患者さんから聞いてきた。

　外観は，QOLの一要素である。これまで，QOL向上の一要素としての外観は軽視されてきた面がある。「外観への満足度」のような，客観的に測ることのできない要素は，医療分野にはなじみにくかったせいかも知れない。

　しかし，この問題を置き去りにしたままでは患者さんの満足を導くことは困難になってきている。このような社会の中で，外観のトラブルを抱えた患者さんの精神的な辛さ，そして生きにくさを十分に理解することがまず肝要であると思われる。その人達にとって，できる限り不安なく社会生活が送れるよう，支援していく必要性を筆者は感じている。

2）リハビリメイクの意義

　医療現場において行うメイクアップというケア行為は，外見のリハビリテーションの一つの選択肢となり得るのではないか，とわれわれは考えている。従来の医療と競合するものではなく，今後の医療の補助的な役割に欠かせない，QOL支援のための一部になり得るものである。

　傷跡をメイクアップによって隠すという方法は，これまでにも報告されている[8]〜[10]。しかし，われわれがリハビリメイクを通して行うのは，すでに述べてきたように「傷を隠す」ことではない。メイクアップを通して，最終的には患者さんが自分の外観を受容し，自立した社会生活を送れることを目標としている。このため，リハビリメイクという時，その援助活動全体を指しているとも言える。こういった考え方は，筆者の知るかぎりにはこれまで見当たらなかった。

3）これまでの取り組みと今後の課題

　筆者は，リハビリメイクを始めた初期の段階から，医療機関と連携してこの問題に取り組んできた。引き続き各方面の理解が得られるよう努力を続けている（表2）。

前述した適応のうち，瘢痕やいわゆるあざなどに関しては，われわれの趣旨に賛同頂いた大学病院の形成外科，歯科において，医師と共同して施術を行っている。また，老化ややつれなどに関しては，特定の医療機関との連携には至っていないが，患者の会や自助グループなどを通じて施術や指導を行っている。また，新聞・雑誌などのメディアでリハビリメイクを知り，筆者のもとに来訪する患者さんに対しても，グループワークで行っている。こうした拡がりは，われわれの方法や趣旨に多くの方の理解や賛同が得られた結果と受け止めている。
　医学的な「治療」と異なり，メイクアップという選択肢には次のような特徴があ

表2　1年間に依頼を受けて講演（デモンストレーションを含む）を行った団体（2002.4～2003.3）

教育機関	私立大学医学部
	私立大学歯学部
	市立大学歯学部
	福祉専門学校
	（市）小学校養護教諭研究会
病院・医療関係	私立病院
	赤十字病院
	（県）歯科技工師会
	（県）看護協会
	（県）歯科医師会
	県立精神医療センター
	市立保健福祉センター
	国立療養所保育士協議会
学会	日本美容外科学会
	国際接着歯学会
	甲北信越矯正歯科学会
その他	介護者サポートネットワーク
	いのちの電話
	ターミナルを考える会
	（財）健康財団
	（財）女性労働協会
	信用金庫*

*年金受給者へのサービス

る。すなわち，メイクをするかしないかは患者さん自身の選択にゆだねられていること，またその方法は，究極的には患者さん本人のトレーニングによるということである。気に入らないと思った点については，メイクアップセラピストと本人が協力して検討を重ねる。またどうしても患者さんが納得できない場合は，われわれの方法はその方に採択されないのみである。その方は外観の改善のために別の方法を選択されるかもしれないが，それもまた本人の自由であろう。当然ではあるが，われわれは，事例を体験するごとにメイクアップのテクニックについて検討を続け，技術を更新している。

今後の課題として挙げられるのは，メイクアップセラピストの資質向上と，養成である。各メイクアップセラピストが事例に応じたメイクアップ技術を高めること，カウンセリング技術を高めることが患者さんにとって何より重要であるのは言うまでもない。また，医療現場に必要なメイクアップセラピストの数をいかに確保していくか，どのように供給していくかも，重要な課題であると考えている。

まとめ

筆者らが提唱するリハビリメイクについて，理念と考え方，方法について述べた。また，実績についての考察を加えた。

外観の問題を置き去りにしては，患者さんの満足はもはや導けない。外観で悩む人たちに対し，精神的なケアを含めた支援体制を確立することは急務である。医療とメイクのさらなる連携が患者の方々の満足につながることを筆者は確信している。

●文献

1) Downie M : Camouflage therapy. Aust J Derm 25 : 89-91, 1984
2) Rayner VL : Assessing camouflage therapy for the disfigured patient ; A personal perspective. Dermatology Nurcing 2（2）: 101-104, 1990
3) Rayner V : Clinical Cosmetology. pp194-198, Milady Publishing Co, New York, 1993
4) Rayner VL : Camouflage therapy ; Cosmetic dermatology. 13（2）: 467-472, 1995
5) かづきれいこ : リハビリメイクと医療. 形成外科 44 : 1029-1036, 2001
6) かづきれいこ : 癌患者のリハビリメイク. がんの在宅医療, 坪井栄孝監修, pp94-101, 中外医学社, 東京, 2002
7) 町沢静夫 : 醜形恐怖. マガジンハウス, 東京, 1997

8) Graham JA, Kligmen AM : The Psychology of Cosmetic Treatments ; 化粧の心理学. 早川律子訳・監修, 週間粧業, pp194-198, 1988
9) Bernstein NR, Breslau AJ, Graham JA : やけどを克服するために. 鬼塚卓弥翻訳・監修, 資生堂研究開発本部学術部, 1990
10) 資生堂ビューティーサイエンス研究所編 : 化粧心理学. フレグランスジャーナル社, 東京, 1999

（かづきれいこ）

columun

米国における形成外科領域の
メイクアップアーティストの役割と問題点
―米国ペンシルバニア大学形成外科における経験から―

はじめに

　1992年から1995年までの約3年間，アメリカのペンシルバニア大学医学部の形成外科に留学をして，形成外科主任教授のLinton Whitaker先生のもとで，rejuvenation surgeryを中心とした美容外科・形成外科を勉強させてもらいました。その時に驚いたのは大学病院（子供病院）形成外科に専属のメイクアップアーティスト（make-up artist）がいて，先天異常や外傷，熱傷後の瘢痕などの患者さんに，顔の傷跡や変形をカモフラージュするためのメイクアップ方法を指導していたことでした。口唇裂や高度の顔面変形の患者さんが，大いに戸惑った表情をしながらも，真剣にその指導を受け，最後に鏡の中のメイクアップされた顔を見て，はにかみながらも，うれしそうな笑顔をみせていたのが印象的でした。

　私はそこで，コンピュータを使った術前のシミュレーションとコンサルテーションシステムの開発をしましたが，それは美容外科などの手術とメイクアップの両方に応用可能なものでした。ペンシルバニア大学医学部形成外科で見た，メイクアップアーティスト事情について，当時メイクアップアーティストの協力を得てカモフラージュメイクアップ法を補佐するソフトづくりをした際に見たり感じたりしたことについて断片的ですが紹介します。

1．形成外科におけるメイクアップアーティストの役割と問題点

　ペンシルバニア大学の形成外科には40歳ぐらいの女性が2人メイクアップアーティストとして働いていました。彼女達の話によると，「カモフラージュメイクは，形成外科領域の重要な治療方法の一つである。たとえばメイクアップでカバーできる色素沈着よりも，メイクアップではカバーできない凹凸を極力避けるように提案するなど，メイクアップアーティストの意見が時には手術法にまでも影響を及ぼすことがある。極めて重症の瘢痕で，医師が大きな手術が必要と考えるケースでも，メイクアップをすればほんの少し皮膚を削るだけの簡単な処置で見違えるようにカモフラージュできるようになることもある」などの話をしていました。私はここでメイクアップの専門家は形成外科

スタッフの一員として非常に重要だと認識しました。

　一方で，時間がかかる割には料金を高く設定できないことや，技術的な限界など問題もあります。最も注意するべき問題として，中にはメイクアップの結果に満足しない患者さんも出てくる可能性があり，この場合，期待が大きい分だけ治療前よりもさらに失望させてしまうという精神的リスクがあります。米国では患者さんと家族の両者に対して，このような精神的リスク対策が非常に注意深く行われていると多々感じました。

2．治療としてのカモフラージュメイクアップに求められるもの

　主治医は患者さんが少しでも精神的ダメージを受けないように配慮する義務がありますから，治療の一環としてメイクアップを勧める以上は，他の治療法の場合と同様に，医師自身も，ある程度カモフラージュメイクアップの効果や限界を実際に確認して知っておく必要があると思います。また，適応と時期などをメイクアップアーティストと十分に検討をしたうえでメイクアップを試みてもらうという慎重さがあってしかるべきだと思います。患者さんは信頼する主治医に勧められれば，ただでさえ常識以上の成果を期待しがちなので，過剰な期待をもたせるような導入や，安易で無責任な勧め方は慎むべきだと思います。

　メイクアップを勧める時には，もし結果があまり気に入らなくても失望したり，あきらめてしまわないで何度か試行錯誤を反復しながら根気よく患者さんの好むメイクアップ方法を模索する覚悟がメイクアップアーティストに求められますし，患者さんにもその説明が必要だと思います。できればメイクアップアーティストは患者さんが根気のいる共同作業を，興味をもって，楽しんで続けられるような雰囲気に導くことができれば理想的です。

3．医学の中のメイクアップ学のありかた

　医学分野においてメイクアップセラピーは今後，ますます受け入れられていくことは確実だと思います。また，医療の中のメイクアップは，芸術としてではなく，より学問的，科学的に発展する必要があると考えます。学問的または科学的という意味の一つは，施術（治療）に科学的根拠や理論的裏付けがあり，その理論を習得すればだれでも，勘やセンスに頼らずにある程度同じ結果を出すことができる，ということだと思います。そのためには，メイクアップにも施術前の傷や変形に対する客観的な診断と理論的な施

術方法（メイクアップ方法）の立案が必要です。

4. メイクアップを科学する

　ペンシルバニア大学メディカルセンターの中に Center for Human Appearance：CHAがあります。所長はCHAの創設者の一人でペンシルバニア大学形成外科主任教授でもある，Linton A. Whitaker先生です。この施設の説明はあとでまた触れますが，私は，ここで工学部のコンピュータソフトの専門家に助けてもらいながらコンピュータを使って，"顔の美と魅力の科学的解明"について研究を行い，美容外科手術とメイクアップシミュレーションソフトと術前コンサルテーション法の開発などを行いました。美容外科をより医学的に行うには必要不可欠な知識と道具だと考えたからです。それはメイクアップにも共通しています。美容外科手術と同様にコンピュータを導入すればかなり科学的，客観的にメイクアップを施術することができます。

　たとえば形成外科におけるメイクアップアーティストの主たる仕事は，瘢痕などの局所的なカモフラージュと顔を少しでも魅力的にみせることの2つですが，どちらの場合もいわば人をキャンバス代わりに，化粧品を絵の具にして感性で絵を描いて目的を達成します。これだと，かなりの芸術センスと職人技が要求され，誰がやっても同様の結果を出すことはできません。なにより患者さんが自分でそれを行うのは至難の技です。

　しかるにカモフラージュする部分の理論上のファンデーション塗布方法は，メイクアップ前にコンピュータで分析して写真上に示すことができます。それに従ってメイクアップをすればメイクアップアーティストのセンスや勘による技術差が少ない，より普遍的で恒常的な結果が得られます。

　また，患者さん自身がメイクアップの結果に満足するか否かは，施術前にはわからず，時間をかけて実際に施術を行ってみてはじめてわかります。もし，さまざまなタイプ別のメイクアップ後の顔を瞬時にシミュレーションしてモニター上で見ることができて，仕上がりのイメージを選ぶことができれば理想的です。これらのことは現在かなりの部分まで可能になっていますが，今後さらに確立して行く必要があります（図）。

5. パラメディカルスタッフの関わる体制作り

　CHAは，その名が示す通り，外見に関わる多彩な分野の専門家を擁する施設です。この施設の形態は，ちょっと変わっています。将来の日本の大学病院にも同様の施設がで

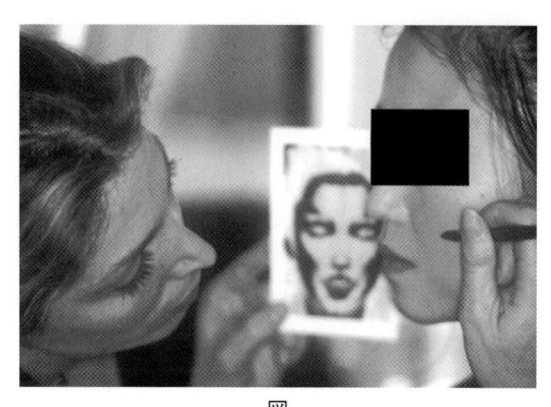

図
筆者がコンピュータで作成した，患者が好むイメージのハイライトとシャドウ領域を示す数枚のインストラクション写真を参考にメイクをするCHAのメイクアップアーティスト。

きても良いと思いますし，メイクアップアーティストに限らず，患者さんが必要とする専門性の高いさまざまなパラメディカルスタッフに関わってもらうための一つの参考にもなると思うので少し詳しく説明しておきます。

　University Pennsylvania Medical Center（ペンシルバニア大学メディカルセンター）の関連施設であるCHAは大学病院正面玄関のすぐ前のビルの中にあります。CHAは頭蓋顔面外科のパイオニアで形成外科主任教授のLinton Whitaker，口唇裂の三角弁法の考案で知られる前形成外科主任教授のPeter Randall，レチンAの開発者で美容皮膚科のパイオニアである前皮膚科主任教授のAlbert Kligman（現在は引退）など世界的に有名な医師達が中心となって出資して設立したもので，形成外科，皮膚科，口腔外科，矯正歯科，精神科，内科などの外観に関する専門医とパラメディカルスタッフが外来スペースを借りて診療しています。医師のほとんどがペンシルバニア大学の教授，助教授たちです。CHAの機能は登録されている専門医がプライベートに診察するための，大学病院のすぐ前にあるオープンシステムの外来スペースという機能を果たしています。また，専門家同士の調整をして連絡するネットワークの中枢的機能とスキンケアや簡単な外来手術を行う処置室などを備えています。看護婦，メイクアップアーティストのほか，連絡，予約，医療事務などを代行する秘書たちがいます。患者さんの必要に応じたさまざまなスペシャリストの診察日を設けて，総合的診察ができるようにスケジュールを調整

する窓口の役目も果たします。私が在籍してる時には寄付などによる高額な研究費をもち，大学の研究施設を使って研究も行い，数カ月ごとにスタッフ一同に会する定期的なカンファレンスがありました。このような施設があれば，パラメディカルスタッフが加わる体制もつくりやすいと思われます。

6．日本における展望

　日本の医療の中にも，メイクアップアーティストが活躍する環境が整ってきたことは，患者さんにとって大きな福音であることは間違いありません。メイクアップの効果を最大限治療として生かすためには，治療にあたる医師または医療チームとメイクアップアーティストが一緒に協議をしながら，患者さんと歩むことができる体制づくりが必要です。患者さんの満足度の客観的な評価をきちんとして，それを高める努力を科学的に追及していくことができれば，近い将来，メイクアップセラピー（化粧療法）という新たな治療分野がますます大きく開花するに違いないと確信します。

（宇津木龍一）

第 II 章

メイクアップセラピストに必要な医学的基礎知識
―形成外科を中心に―

メイクアップセラピストに関係が深く，医療スタッフとのコミュニケーションにおいても必要と思われる医学用語について解説する。

1 形成外科とは何か

　リハビリメイクを学ぶためには形成外科を理解することが非常に大切である。その理由は後段で詳述するが，形成外科的な考え方を抜きにリハビリメイクを理解することはできないといっても過言ではない。しかしながら形成外科とは何かという質問に対する簡潔かつ正確な答えは非常に難しい。それは形成外科が取り扱う疾患が非常に多岐にわたり，また周辺各科との明瞭な境界がはっきりしないからでもある。これはリハビリメイクとは何であるかという定義が困難であり，かつリハビリメイクが対象とする病態（状態）も広汎にわたるということにも通じる。

　通常，医療上の診療科は扱う臓器または対象（患者）によって分類される。臓器別の分類で言えば循環器内科，呼吸器外科，眼科，耳鼻科などがそれにあたり，また対象別の分類ということで言えば小児科，産婦人科，老人科などがそれにあたる。あるいは診療行為による分類（例えば放射線科，理学診療科）や対象疾患（リウマチ科，アレルギー科）による分類もある。しかし形成外科で扱う臓器は皮膚，神経，骨，筋肉，腱などさまざまであるし，また対象も新生児から老人までまさに老若男女を問わない。診療行為も外科手術を主体とするが，近年はレーザーやケミカルピーリングなど非侵襲的な医療行為の比重も決して小さくない。対象となる疾患（病態）は外傷，腫瘍，先天異常などに留まらず，美容外科に至っては病気でない状態も対象とする。

　「形成外科」に対する古典的な定義は「体表面の先天性，後天性の変形，醜状に対して機能面のみならず整容面から外科的にこれを治療する科である」であろう（鬼塚卓也：形成外科手術書（第3版）．南江堂，東京，1997より）。形成外科は外科学の中で最も新しいものと考えられているが，実はその歴史は紀元前のインドに遡ることができる。この時代のインドでは鼻そぎの刑に処せられた人間の鼻を前額の皮膚で再建することが行われていた。これは現在確認されている最古の形成外科手術であり，驚くべきはこの術式（通常，インド造鼻術として知られている）が前額皮弁という名前で時として現代でも行われる術式だということである。また唇裂に対する手術の歴史も長い。このように人間の外観の醜状を改善したいという欲望は根源的なものであり，形成外科は先天外表奇形や外傷後の変形などを主な対象として出発した。この分野は現在においても形成外科の重要な一分野であるが，後述する2つの領域と区別するために，ここではこれを仮に「狭義の形成外科」と呼ぶことにする。

　そして20世紀になり麻酔科学の発展が外科学に大きな革命をもたらし，悪性腫瘍に対する外科手術が飛躍的に発達した。麻酔学の進歩によって外科医は悪性腫瘍を心おきなく拡大手術することができるようになった。また，たび重なる戦争も不幸

なことではあるが外傷外科を発展させた。広汎な外傷を受傷しても壊死組織を除去（デブリードマン）し，抗生物質の投与で感染を制御することによって救命が可能になった。すると悪性腫瘍や外傷で失った組織を閉鎖ないし再建する必要性が急速に増大した。

　ここで形成外科は再建外科という大きな，そして重大な領域を含有することとなった。植皮術や各種の皮弁の開発が再建外科の発展を後押しした。さらに顕微鏡を利用して血管や神経を吻合，縫合するというマイクロサージャリーの技術が遊離皮弁という大きな産物をもたらし，再建外科がさらに革命的に飛躍することになった。

　一方，狭義の形成外科の分野においても進化が見られるようになった。もともと狭義の形成外科が対象とする外表面の変形，あるいは醜状という定義は非常にあいまいである。例えば耳（耳介）の変形で言えば，それがその国の文化や風習で喜ばれたり嫌われたりする場合がある。また同一の地域であっても時代の変遷によって価値観が変わることもある。またしばしば正常と異常の間に明確な境界線が引けないことなどもある。

　そこで病的でない状態にメスを入れる外科が誕生した。これが美容外科である。現在美容外科は興隆を極め，ごく一般的な領域となりつつある。各種のレーザーやケミカルピーリングといった方法が美容外科の普及に貢献した。美容外科は病気でない状態に何らかの医療行為を加えるわけであるから通常の医療行為以上に安全性が求められる。また患者の要望に対して医療上，手技上の解決法を提示するだけでなく，そこには倫理や哲学が強く求められる。残念ながら現在では一部の医師らによる行為によって美容外科が社会的に正当に評価されていないということは認めざるを得ない。しかし，形成外科を追及していく過程で美容外科的な要因は決して排除できるものではないので，美容外科は形成外科の重要な一部分であることは間違いないことである。

　このようにして現在では形成外科は狭義の形成外科と再建外科，そして美容外科の3本の柱が鼎立する複合領域の科であると考えられている（図1）。

●形成外科用語

　リハビリメイクをする機会が多いであろうと思われる形成外科関連の疾患，病体について記した。

熱傷（ねっしょう）：やけど。原因には，お湯などの熱性液体だけでなく，爆発，火炎，熱風，熱性個体との接触などがある。化学薬品，紫外線，放射線などによる皮膚障害も広い意味での熱傷に含むこともある。熱傷の重症度は深さと面積，部位によって決まる。熱傷の深さは表皮までの損傷のものをⅠ度熱傷，真皮の一部を損傷しているものをⅡ度熱傷，表皮も真皮もすべて損傷しているものをⅢ度熱傷という。Ⅰ度熱傷やⅡ度熱傷の浅いものは表皮の基底層が保たれているために傷跡になることなく治癒する。それ以上深い熱傷は手術が必要な可能性が高い。

　瘢痕（はんこん，図2）：きずあと。怪我をしたり深い熱傷を受傷し，表皮の基底層が損傷を受けると，傷口は線維芽細胞が産生するコラーゲンなどによって閉鎖される。このようにして治癒した傷跡はしばらくの間赤みを帯びており，表面の光沢がある。経過とともに平坦化して正常皮膚色に近づくのが普通であるが，いつまでも赤く盛り上がっているものを肥厚性瘢痕（ひこうせいはんこん，図2-a），受けた傷口の長さを越えて増殖するものをケロイド（図2-b）とよぶ。

　瘢痕拘縮（はんこんこうしゅく）瘢痕が時間の経過とともに収縮し，関節や眼瞼などの皮膚にひきつれを起こした状態。植皮や皮弁（後述）などで治療する。

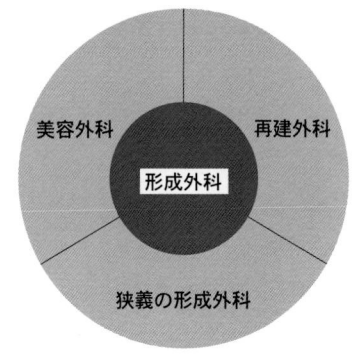

図1　現在考えられている形成外科

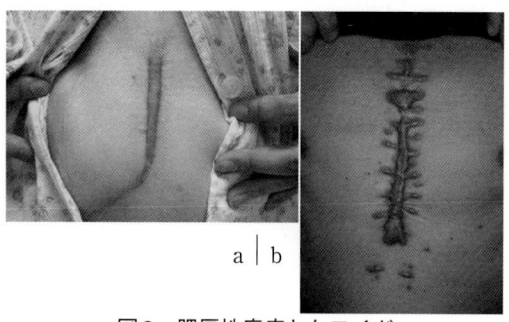

図2　肥厚性瘢痕とケロイド
（a）肥厚性瘢痕
　開胸手術後の肥厚性瘢痕。(b) のケロイドと比べると縫合糸の跡は正常皮膚色に近く，盛り上がりの程度も小さい。
（b）ケロイド
　開胸手術後の瘢痕が増殖性に盛り上がっている。手術によって皮膚切開を行った部位以外にも縫合糸の部分と皮膚切開の部分が連続している。これは縫合糸の部分に発生したケロイドが増殖したことを意味する。

Z形成術（ゼットけいせいじゅつ，図3）：線状の瘢痕拘縮治療法。形成外科の基本的手技である。図ではAB間の距離が当初1であるが，60°の正三角形（○と●）を2つ入れ替えることによってAB間の距離は理論上$\sqrt{3}=1.73$倍になる。

皮弁（ひべん，図4-a, b）：皮膚を，その下の皮下組織をつけたまま組織欠損部に移動する方法。皮膚を薄く剥ぐ植皮の場合，いったん血行が途絶して移植床から再び血管が再生してくるまで圧迫する必要があるが，皮弁では血行を遮断しない。このため皮弁採取部と移植部が近接していない場合はいったん皮弁を切り離し，その皮弁を栄養する動脈と静脈を移植部のそれらと顕微鏡下に吻合しなくてはならない。これを遊離皮弁（ゆうりひべん）とよぶ。皮弁は植皮と比べて皮膚が柔らかく色素沈着を起こしにくいという利点があるが，一般的には厚い。現在はなるべく薄い皮弁を作成するように努力が続けられている。

植皮（しょくひ，図4-b）：熱傷や外傷，あるいは皮膚腫瘍を摘出した後などの皮膚の欠損に対して，体の別の場所の皮膚を薄く剥いで，移植する方法。現時点では他人の皮膚は永久に正着しないので自分の皮膚を使用しなくてはならない。厚い皮

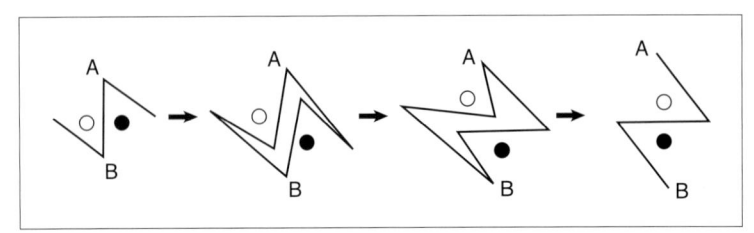

図3 Z形成術のシェーマ

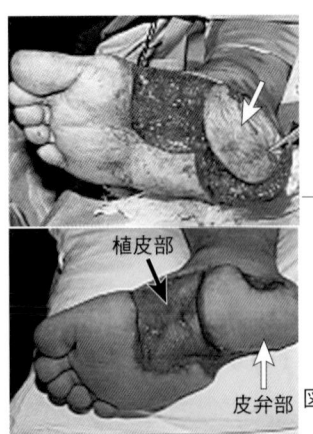

(a) 術中の状態
踵の悪性黒色腫を摘出した後に土踏まずから皮弁（白矢印）を挙上し移動しているところ。皮弁は皮膚と皮下組織をともに移動するのでクッション代わりになる。

(b) 術後の状態
皮弁を採取した部位（土踏まず）には鼡径部から採皮して植皮（黒矢印）を施行した。植皮をした皮膚は色調がやや黒ずんでいるが皮弁の色は変わらないことに注意。

図4 皮弁移植術と植皮術を同時に行った症例

膚を移植した方が色や質感が良いが，皮膚を採取したところの犠牲が大きくなる。薄い皮膚移植では外観の問題だけでなく移植後皮膚が縮んで拘縮を来たすことが多い。広範囲の熱傷などで皮膚を採取する場所に面積的な余裕がない場合は採取した皮膚に穴を開けて網目状に広げて使う。これを網状植皮（もうじょうしょくひ/メッシュスキングラフト）という。網状植皮は広範囲の熱傷を救命する際には極めて有用であるが，移植後の皮膚が凹凸になるという欠点がある。

口唇裂（こうしんれつ，図5）：出生時より存在する上口唇の被裂。いわゆる「みつくち」のこと。左右どちらか一方の裂を片側（へんそく）唇裂，両方に裂を認めるものを両側（りょうそく）唇裂と呼ぶ。また裂が鼻腔に達するものを完全唇裂，達しないものを不全唇裂と呼ぶ。

口蓋裂（こうがいれつ，図6）：口蓋，すなわち口腔と鼻腔の境界に被裂が入っている先天異常。ここに被裂があると食物が鼻からもれるだけでなく，正常な発音ができなくなるため手術で治療する。

太田母斑（おおたぼはん，図7）：顔の一部（片側）にできる青黒いあざ。思春期ごろから発症することが多く，東洋人の女性に多い。古くはドライアイス，最近はルビーレーザーなどで治療する。

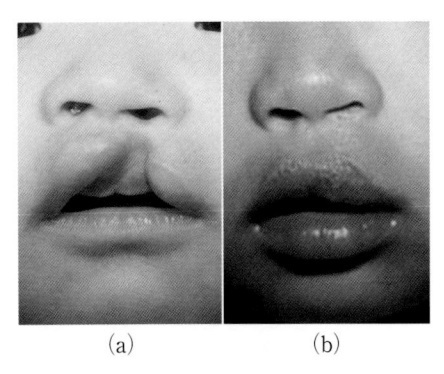

図5　口唇裂
（a）左不全唇裂の術前の写真。生後3カ月前後で手術を施行した。
（b）同患者の術後約2年の状態。上口唇の傷はほとんど目立たない。

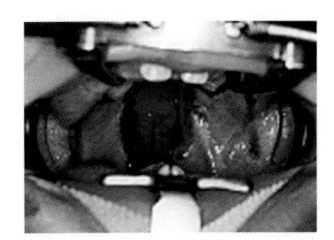

図6　口蓋裂
　図の下方が舌。本来ふさがっているはずの口蓋（口の天井に当る部分）に裂隙があり，鼻腔が見えている。

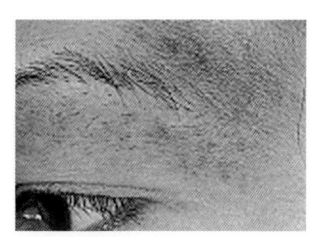

図7　太田母斑

単純性血管腫（たんじゅんせいけっかんしゅ，図8）：平坦な赤いあざ。時として一部分が盛り上がってくることがある。色素レーザーで治療する。

　扁平母斑（へんぺいぼはん，図9）：茶色く平坦なあざ。ミルクコーヒー色とも表現される。レーザーで治療が可能なタイプと困難なタイプがある。

　色素性母斑または**母斑細胞性母斑**（しきそせいぼはん/ぼはんさいぼうせいぼはん，図10）：小さいものはいわゆる「ほくろ」とよばれ，大きいものは「くろあざ」とよばれる最も多く見られる皮膚の母斑。

　手の先天異常（図11）：先天的に指の数が多い疾患を多指症，指の数が少ない疾患は少指症，指が合わさっている合指症，手が裂けている裂手症などがある。

　乳房再建（にゅうぼうさいけん，図12）：乳がんなどによって乳房を切除した後で，再び乳房を希望する患者さんに腹部や背中から挙上した皮弁によって乳房を再建することがある。また，シリコン製の風船に生理食塩水を注入すること（ティッシューエキスパンダー）によって再建する方法もある。

　顔面神経麻痺（がんめんしんけいまひ）：顔面に表情を作るのは表情筋という一連の筋肉が収縮するからであるが，この筋肉は顔面神経という神経によって支配されている。顔面神経は脳から左右の耳の近くを通って耳下腺の中を通り，枝分かれをしながらそれぞれいろいろな筋肉に分布している。したがって，ある種の脳腫瘍，耳のヘルペスウイルス，耳下腺の腫瘍，顔面の外傷などの理由によって顔面神経が切

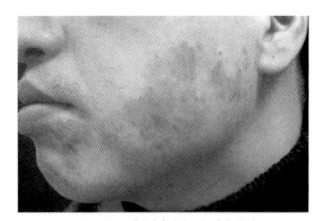

図8　単純性血管腫

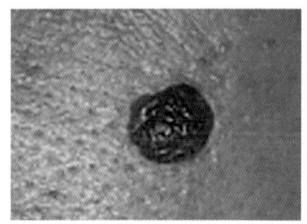

図10　母斑細胞性母斑

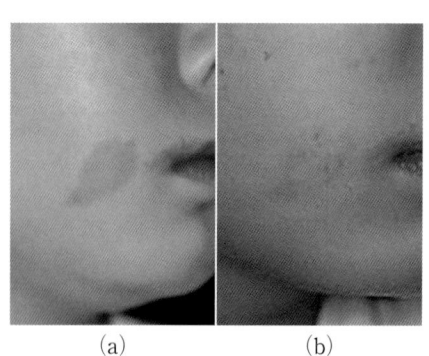

(a)　　　　　　　　(b)
図9　扁平母斑
(a) 茶褐色の平坦な色素沈着を認める。
(b) 扁平母斑レーザー照射後。扁平母斑にはこのようにレーザーに比較的よく反応するタイプと，再発を繰り返すタイプがある。

断されるとその神経が支配していた表情筋が麻痺して動かなくなる。これを顔面神経麻痺という。顔面神経麻痺の手術は麻痺側の皮膚を吊り上げる方法と（静的再建）と神経，筋肉を移植して表情筋を再び動かすようにする方法（動的再建）がある。

眼瞼下垂（がんけんかすい，図13）：先天性にあるいは老化によって，または眼瞼を動かす筋肉やそれを支配する神経の異常によって眼瞼が下がってしまった状態。

重瞼術（じゅうけんじゅつ）：いわゆる「ふたえまぶた」にする手術。上眼瞼の皮膚を切開する切開法と糸で重瞼を作る埋没法とがある。

隆鼻術（りゅうびじゅつ）：鼻を高くする美容外科手術の一つ。自分の肋軟骨（ろくなんこつ）すなわち「あばらぼね」を移植したり，シリコンブロックを挿入したりする。

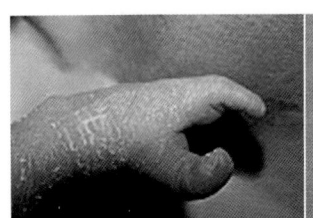

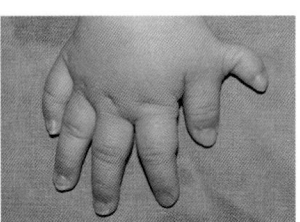

図11 手の先天異常
(a) 裂手症
(b) 多指症
右母指列の多指症の症例。生後約6カ月の状態。手術によって余剰指を切除する。

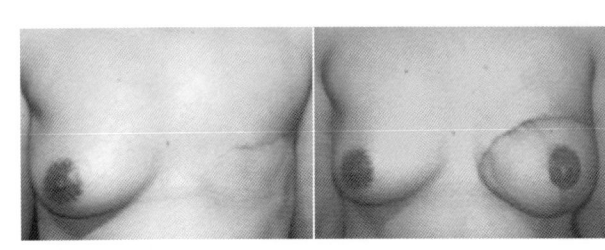

図12 乳房再建
腹部から皮弁を挙上して乳房部へ移植したもの。この症例では乳頭再建も行い，左右近似の乳房を獲得した。

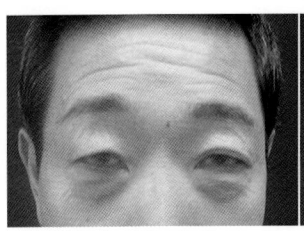

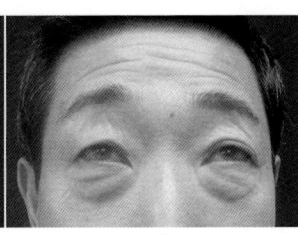

図13 眼瞼下垂
老人性眼瞼下垂の1例。正面視(a)で瞳孔（ひとみ）の上縁に眼瞼がかぶさっている。上方を向くとき(b)，眼瞼そのものの挙上量が少なく，眉毛を挙げる筋肉（前頭筋）を利用しているために，前額にしわができる。

レーザー治療（図14）：ある種の物質（レーザー発振子）にエネルギーを与えると単一波長の非常にエネルギー密度の高い光を発する。これをレーザー光という。標的物質に非常によく吸収される波長のレーザー光を照射すれば，その標的物質だけが光を吸収し熱破壊されるが，その周囲の組織は破壊されない。この原理を応用して傷跡を残すことなく，あざなどを治療することができるようになった。現在レーザーで治療できる疾患には，太田母斑，単純性血管腫，老人性色素斑，扁平母斑，外傷性刺青などがある。

　尋常性ざ瘡（じんじょうせいざそう，図15）：いわゆる「にきび」のこと。皮脂腺がつまり皮脂の排泄が障害された状態に，皮膚常在菌であるニキビ菌が増殖して炎症を起こした状態。抗生物質やビタミンの外用，内服などの他にケミカルピーリング（後述）やある種の光線療法などが試みられている。

　ケミカルピーリング（図16）：グリコール酸などの酸を皮膚に塗って皮膚表面を溶かすことによって美容効果を高めようとする方法。小皺やくすみの改善とともに尋常性ざ瘡にも有効である。

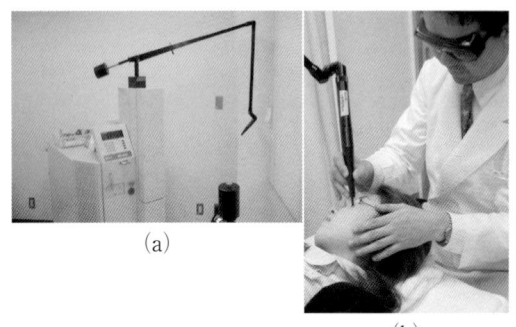

図14　レーザー治療の実際
(a)　ルビーレーザー装置
(b)　Qスイッチ Nd:YAG レーザーによってしみ治療を行っている状態。

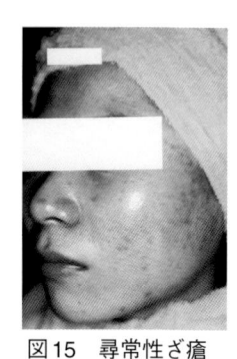

図15　尋常性ざ瘡
　頬部の尋常性ざ瘡。以前は尋常性ざ瘡は主に10代に見られ，20代では軽快するとされていたが，現在は20代，30代も多い。本症例は20代なかばで，ケミカルピーリングによる治療を行った。

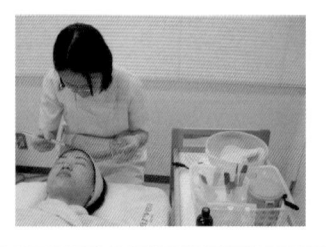

図16　ケミカルピーリング
　刷毛を利用してグリコール酸などの酸を皮膚に塗布している状態。

2 用語解説

　メイクアップセラピストは医師や看護婦などの医療従事者と個々の事例についてディスカッションをする必要があるが，その際に最低限必要と思われる用語について以下に述べる。一般的な用語と読み方が違ったり指し示す場所が多少異なることがあるので注意が必要である。

1．解剖学用語，身体部位の名称（図1～5）

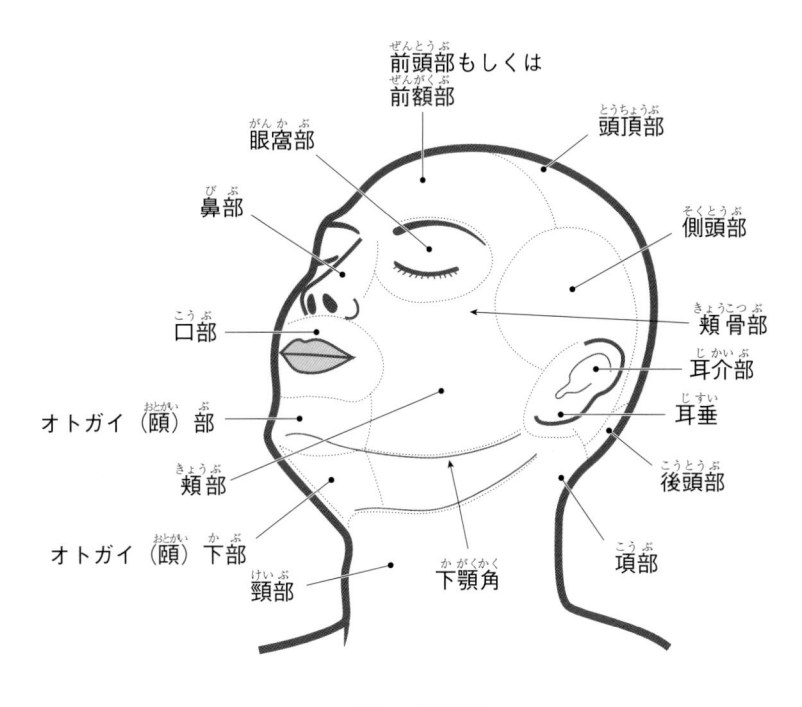

図1　頭頸部

図2　目とその周辺

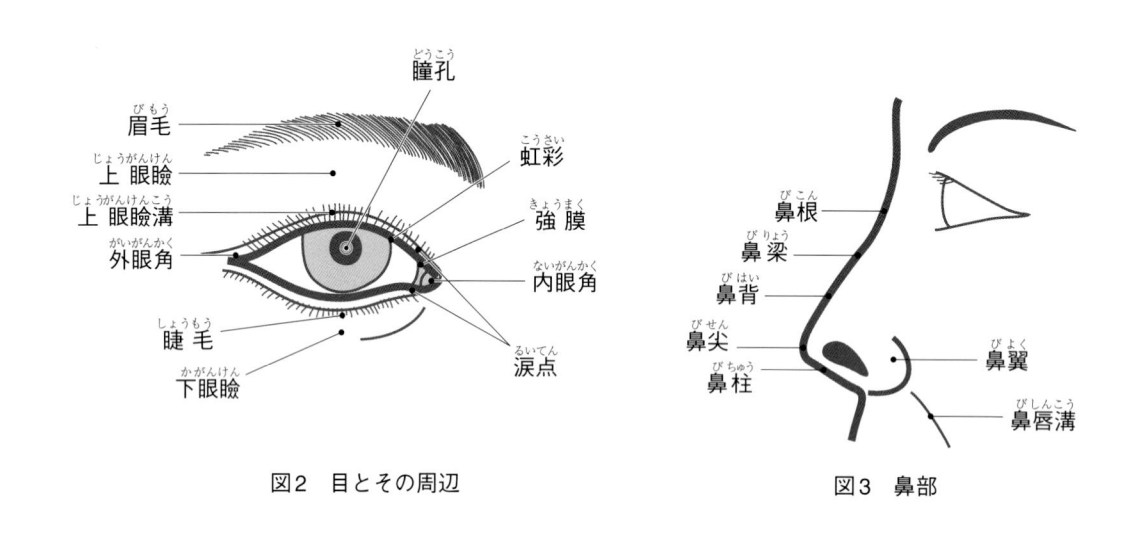

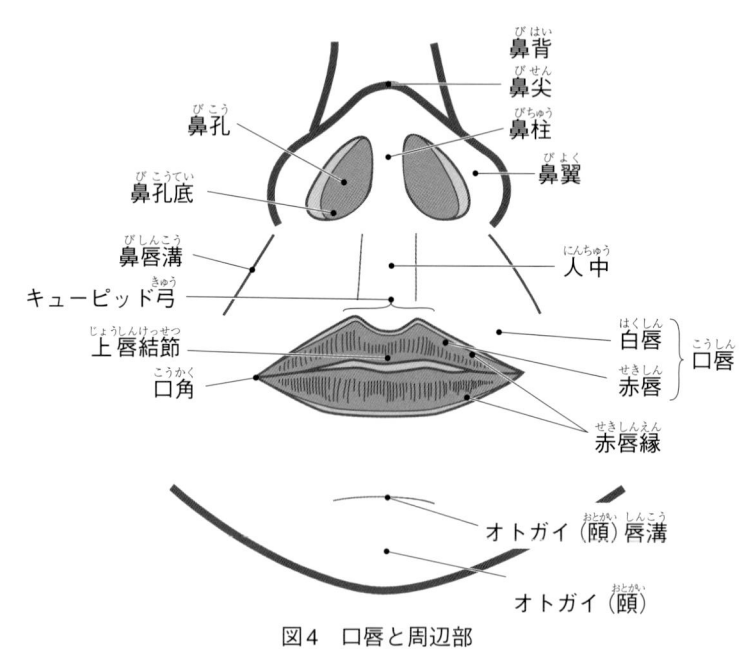

眉毛（びもう）
上眼瞼（じょうがんけん）
上眼瞼溝（じょうがんけんこう）
外眼角（がいがんかく）
睫毛（しょうもう）
下眼瞼（かがんけん）
瞳孔（どうこう）
虹彩（こうさい）
強膜（きょうまく）
内眼角（ないがんかく）
涙点（るいてん）

図3　鼻部

鼻根（びこん）
鼻梁（びりょう）
鼻背（びはい）
鼻尖（びせん）
鼻柱（びちゅう）
鼻翼（びよく）
鼻唇溝（びしんこう）

図4　口唇と周辺部

鼻背（びはい）
鼻尖（びせん）
鼻柱（びちゅう）
鼻翼（びよく）
鼻孔（びこう）
鼻孔底（びこうてい）
鼻唇溝（びしんこう）
キューピッド弓
上唇結節（じょうしんけっせつ）
口角（こうかく）
人中（にんちゅう）
白唇（はくしん）
赤唇（せきしん）
}口唇（こうしん）
赤唇縁（せきしんえん）
オトガイ（頤）唇溝（おとがいしんこう）
オトガイ（頤）（おとがい）

（図1〜4は，（社）日本形成外科学会編：形成外科用語集（第3版），pp516-520，東京，1998より引用改変）

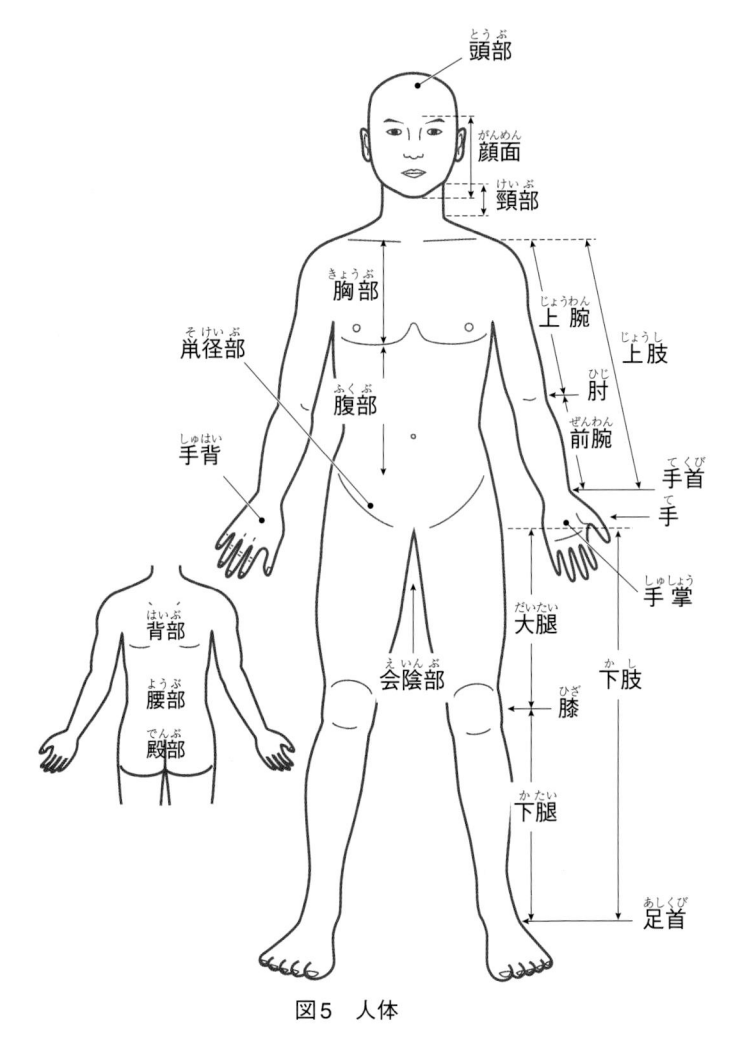

図5 人体の各部位名称：頭部、顔面、頸部、胸部、鼠径部、腹部、手背、背部、腰部、殿部、会陰部、上腕、肘、前腕、手首、手、手掌、上肢、大腿、膝、下肢、下腿、足首

動脈：心臓から送り出された血液が通る管。酸素の濃度が高い。拍動している。

静脈：各組織から心臓へ戻る血液が通る管。静脈血は拍動せず動脈の圧力や筋肉の運動などによるポンプ作用で心臓に送られる。

皮膚：上から表皮，真皮，皮下組織の順にならぶ。人間の体の最も外側にあり，自己と外界の境を成す。細菌などの外敵を攻撃する免疫細胞や毛根，汗腺（汗を作り，排出するところ），皮脂腺（皮膚に脂分を供給するところ）などが存在する。

表皮（ひょうひ）：皮膚の最も外側から角層（かくそう），顆粒層（かりゅうそう），有棘層（ゆうきょくそう），基底層（きていそう）の4層構造をなす。基底層では約19日ごとに細胞分裂し，その細胞は約1カ月かけて有棘層，顆粒層と上行する。さらに2週間程度かけて角層を通過し，いわゆる「垢」となって脱落する。

真皮（しんぴ）：膠原線維（コラーゲン），弾力線維（エラスチン），細網線維（レチクリン）などの線維性物質と線維芽細胞（せんいがさいぼう），マクロファージ，肥満細胞（ひまんさいぼう），形質細胞（けいしつさいぼう）などの細胞成分からなる。年齢を経るとこの部分のコラーゲンやエラスチンといった線維が弾力を失うためにしわやたるみを生じる。

2. 精神科用語

　　統合失調症（とうごうしっちょうしょう）：古くは精神分裂病と言った，最も代表的な内因性精神病の一つ。妄想や幻覚が見られ，時として他人や外界に対する関心がまったく失われて引きこもり，自閉的になる。
　　双極性障害（そうきょくせいしょうがい）：躁うつ病と同義。気分が高揚または興奮し，注意力が不安定になる躁病と，気分が著しく抑うつし，睡眠障害や体重減少などを来たすうつ病が，ある周期を経て交互に出現するも病気。人によってはどちらか一方の周期が生涯続く場合もある。
　　性格異常（せいかくいじょう）：正常と精神病との境界にあるという意味でボーダーラインと呼ばれることもあるが，感情的に不安定で何かの問題行動を起こしてしまうような性格のこと。手首を切ったり，睡眠薬を大量に服薬してしまったりすることがある。
　　摂食障害（せっしょくしょうがい）：体重や体型などに対する極端なこだわりから食事行動に異常が起こる病気。物を食べなくなる拒食症と食べ続ける過食症とがある。以前は若い女性に多いとされていたが，最近では男性や小学生などにも発症している。
　　性同一性障害（せいどういつせいしょうがい）：生物学的には完全に正常であり，かつ自分の肉体がどちらの性別にあるかをはっきりと認識しているが，人格的に別の性に属していると確信している状態。

3. 皮膚科用語

　　膠原病（こうげんびょう）：結合組織に病変を生じる一連の疾患で，その多くは自己免疫（自分の体の細胞に対する一種の攻撃反応）が関与している。進行性全身性硬化症，限局性強皮症，皮膚筋炎，エリテマトーデスなどの疾患がこれに含まれる。頬部に蝶形の紅斑を生じたり，眼瞼に紫紅色の浮腫を生じたりする。治療にはステロイド剤（副腎皮質ホルモン）を使用するが，この薬によって満月様顔貌（ムーンフェイス）を生じることもある。
　　アトピー性皮膚炎（あとぴーせいひふえん）：遺伝的な要因が関与している皮膚炎の一つ。皮膚が乾燥しやすく物理的な刺激が多く加わる部位にかゆみを伴う紅斑や丘疹を生じやすい。

3 マッサージと血行

1．マッサージの歴史と意義

　マッサージは，B.C.4～5世紀頃（ギリシャ時代）にヒポクラテスにも推奨された手技療法で，民間療法としてヨーロッパで広く親しまれていた長い歴史を持つ療術である。医療マッサージとして盛んに取り入れられてきたのは，19世紀末に臨床医によって循環器系に及ぼす著明な効果と生体の新陳代謝を高めることが立証されて以来である。この技術が日本に紹介されたのは明治時代で，陸軍軍医橋本乗晃によってであるが，当時，日本には古代中国で生まれた東洋医学の経絡経穴を基礎とした按摩が，按摩導引・もみ療治として庶民に親しまれていた。
　按摩が「衣服の上から遠心性」に「おさえ」「なでる」のに対して，マッサージは「施術者の手指を直接に患者に密着し」，「求心性」に「おし・なでる・こねる」ことであるので，求心性に施術するマッサージは，当然血行の改善をはかり体液の循環を促進すると同時に神経系に程良い刺激を加え生体の変調を整えたり鎮痛効果もある。

2．循環器系の基礎とマッサージの応用

　ヒトの体重の60％は水分（体液）で，このうち40％が細胞内液，20％が細胞外液である。細胞外液は組織液，血液，リンパよりなり，このうち約8％が血液である。血液は，血管内を循環して，酸素や炭酸ガス・栄養物・ホルモンやその他の伝達物質ならびに防御物質・老廃物などの運搬・体内のpHの調整・イオンの分配・止血作用などの働きをして内部環境の恒常性を保ち生命現象を健全に維持している。
　血液の液体成分は，血漿（全血液の55％）で血液の循環に伴って1日にほぼ20 l が細動脈側の毛細血管から流出し組織液となるが，流出した組織液の90％は再び細静脈側の毛細血管に，10％は毛細リンパ管に戻る。リンパは，それぞれ所属リンパ節を経て最終的には静脈に流入して血漿成分になるので，つまるところ，体液のすべては一時たりとも1カ所に停滞することなく，循環して内部環境の恒常性を保っている。この循環は，主に心臓のポンプ作用により一定の血圧が保たれて行われるが，その微妙な血流の調節は，自律神経や内分泌，局所的には個々の臓器により調整されている。特に静脈やリンパの流れは，筋の収縮（筋ポンプ）作用で円滑な循環が行われる。
　術後，あるいは何らかの要因で筋を働かせることが不可能になると，静脈の循環

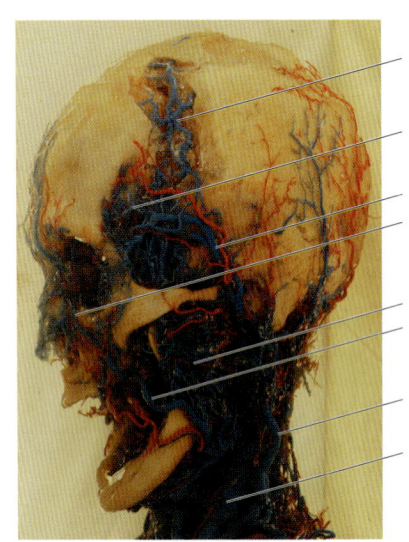

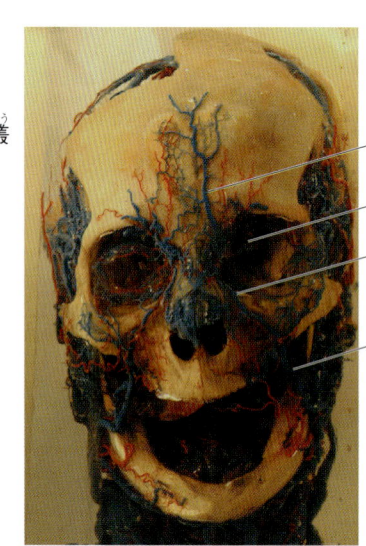

図1　顔面の動・静脈（赤は動脈，青は静脈）

や組織液のリンパ管への流入とリンパ管内のリンパの停滞が生じて浮腫が生じる。

　このような場合，マッサージは求心性に施術されるので静脈血・リンパの流れを促進するのに多いに役立つ。同時に，適宜なマッサージの刺激は自律神経を活性化し，皮膚の新陳代謝の促進，筋内の血行を促進する。浮腫の改善は，施術部位の静脈とリンパ管の形態学的な走行を熟知しておくと効率が良い。

3. 顔面の静脈とリンパの形態

　顔の静脈にはほとんど弁がない。図1は主な顔面部の静脈が鋳型された標本である。この鋳型標本からわかるように，側頭筋，咬筋，内側・外側翼突筋の筋内は静脈叢が密な網目状になって存在している。全血液の70％が静脈血であるとされていることがこの鋳型標本からも理解される。したがって，顔面部の静脈血流の循環は，これらの筋が適宜に収縮・弛緩することで促進される。また，顔面のリンパ流は図2に示される1〜4のリンパ節へ向かう。そこで，図2に示されるような方向で行うマッサージは，血液とリンパをより早く心臓に戻す作用をしている。ちなみに眼角静脈は，上眼静脈と吻合し，さらに上眼静脈は脳内の静脈と吻合しており脳内の循環も促進するので，気分も爽快となり浮腫も改善する。

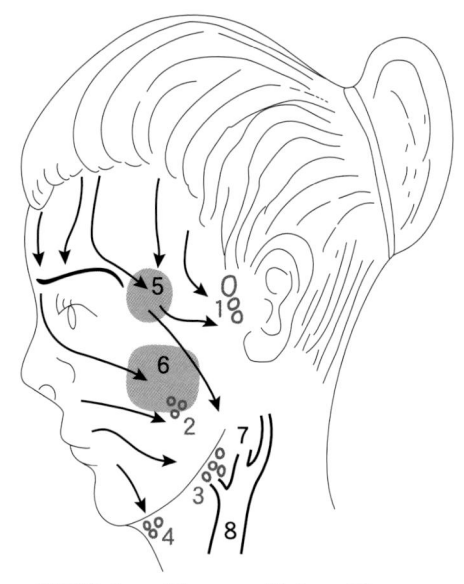

1. 耳下腺リンパ節　　2. 頬リンパ節
3. 顎下リンパ節　　　4. オトガイ下リンパ節
5. 側頭筋内の静脈叢　6. 翼突筋静脈叢
7. 下顎後静脈　　　　8. 内頸静脈

図2　マッサージの方向性（矢印）と静脈，リンパ節

4. 顔面の神経（知覚と運動）

　顔面の知覚は三叉神経（第Ⅴ脳神経），運動は顔面神経（第Ⅶ脳神経）であることを明らかにしたのはチャールズ・ベル（1774〜1842）である。
　顔面神経は，①涙腺・口腔内の舌下腺や顎下腺および鼻腔粘膜の腺分泌を促進する内臓遠心性成分，②舌の前2/3の味覚を司る特殊感覚成分，③アブミ骨筋と表情筋を支配する運動成分，の3つの要素を含む神経である。表情筋を支配する顔面神経線維束は，茎乳突孔から外頭蓋底に現れ耳下腺内で耳下腺神経叢を形成し，耳下腺の前外側縁で放射状に側頭枝，頬骨枝，頬枝，下顎縁枝および頸枝の5枝に分枝して顔面に分布している。顔面の上半分は大脳皮質の両側性支配で下半分は一側支配である。表情筋内には，伸展受容器としての筋紡錘は現在のところ存在しないとさ

れている。

　三叉神経は，顔面の全知覚を司る。眼神経（第1枝）は眼窩上孔と前頭切痕で前頭部（前頭神経）に現れ，上顎神経（第2枝）は眼窩下孔で上顎（眼窩下神経）に現れ，下顎神経はオトガイ孔で下顎（オトガイ神経）に現れ，それぞれの領域の知覚を司る。

　顔面のマッサージの神経系に及ぼす効果は，施術する手技の強弱によりその変調を調え，機能を抑制して鎮痛・鎮痙作用があるとされている。

　なお，顔面の表情は，顔面神経のみの支配下にあるだけでなくその時々の精神状態に大きく影響を受けて変化するので「脳から絶え間なく発生する生命すべてを表現する自然の言葉である」（グラチオレ）とも言われている。ならば，逆に顔の表情を整えることで，脳を活性化させて精神状態を爽快にさせることも可能であろう。

●文献

1) Fleischhauer K, Staubesand J, Zenker W : Benninghoff Makroskopische und mikroskopische Anatomie des Menschen. 2 Band pp124-131 Urban & Schwarzenberg Munchen - Wien - Baltimore, 1985
2) Taylor GI, Tempest MN : Michel Salmon—Arteries of the Skin. pp140-141, Churchill Livingstone, London, Edinburgh, Melbourne, and New York, 1988
3) 窪田金治郎, GH シューマッハー：図説 体表解剖学, pp122-125, 朝倉書店, 東京, 1992
4) 金子丑之助：日本人体解剖学. 南山堂, 東京, 1976
5) 岡本保訳：チャールズ・ベル；表情を解剖する（神経心理学コレクション）. 医学書院, 東京, 2001

　　　　　　　　　　　　　　　　　　　　　　　　　　　　　　（田沼久美子）

第III章

基礎化粧品の素材と皮膚への作用

メイクアップセラピストが使用する化粧品のうち,基礎化粧品について用語解説する。商品によって処方はかなり異なるため,説明は一般的な理解を助けるものに留めた。

化粧品とは

　化粧品とは，「人の身体を清潔にし，美化し，魅力を増し，容貌を変え，または皮膚若しくは毛髪を健やかに保つために，身体に塗布，散布，その他これらに類似する方法で使用されることが目的とされる物で人体に対する作用が緩和なもの」（薬事法第2条第3項）である。

　化粧品は薬事法に基づいて作られる。薬事法とは医薬品・医薬部外品・化粧品および医療用具の基準・検定・取り扱いなどを規定したものである。

　以前は薬事法に定められた「指定表示成分」というものがある。日本化粧品工業会が発表した成分数は2,730種にのぼり，それ以外にも日本の化粧品で使用されている成分は3,000種類以上もある。表示については，肌に対してアレルギーや刺激を起こす可能性のある成分のみの表示であったが2001年3月より化粧品の全成分表示が開始された。

　また表示の方法は，成分の配合量の多いものから記載する。配合量が1％以下のものに関しては順位はない。着色剤は最後に記載する。香粧品（化粧品とそれに関連したもの）を発売するにあたっては消費者保護のために防腐剤の使用が義務づけられている。

　基礎化粧品には洗顔料，化粧水，美容液，乳液，クリームなどがある。肌を清潔に整え，水分や油分を補い，健康で美しい肌を保つことを目的とする。そこで安全性，安定性，使用性，有用性にすぐれたものであることが要求される。本稿では，代表的な基礎化粧品について説明する。

1．洗顔料

　目的：汚れを皮膚に負担をかけずにきれいに落とす。

　皮膚の汚れには，古くなった角質，変質した汗・皮脂膜などの皮膚生理の汚れ，空気中の塵埃・細菌類また長時間経過したメイクアップ料など外部から付着した汚れなどがある。

　弱アルカリ石鹸（いわゆる洗顔石鹸）で洗い，きちんとすすいであれば皮膚は自力で弱酸性に戻ることができる。「ややつっぱる感じ」に洗顔するのが理想で，ヌルヌルしていたり（落ちきっていない），ひどくつっぱる（脱脂しすぎ）のは注意を要

する。アトピーなどで肌が痛んでいる場合には弱酸性石鹸を使用した方がよい。

(1) 洗顔用石鹸（化粧石鹸などと呼ばれる）

界面活性剤の表面張力の低下を利用している。古い角質をとり除くために効果的である。使用後多少のつっぱり感がある。脂性肌・脂性に傾く夏に適する。

(2) 洗顔クリーム（クレンジングフォームなどと呼ばれる）

石鹸などの洗浄成分をクリーム状にしたもの。石鹸のすぐれた洗浄力とクレンジングクリームのもつ皮膚保護機能を兼ね備えている。基本的には界面活性剤の表面張力の低下を利用したものである。肌の汚れのみならず，メイクアップ落とし料としてもよい。使用後のつっぱり感もない。

クリーム状，ペースト状，乳液状，ローション，エアゾールなどがある。

(3) 洗顔パウダー

皮膚表面での摩擦作用と粉末粒子表面への吸着作用により垢などを除去するタイプのもの（米糖，小麦粉，粉乳，ベントナイト，カオリンなど）と，皮膚に対して温和で，安全に反応して汚れをとりやすくする酵素タイプのもの〔蛋白分解酵素（プロテアーゼ），脂肪分解酵素（リパーゼ），塩化リゾチーム，パンクレアチンなど〕がある。

(4) クレンジングクリーム

基材成分へ汚れを取り込む溶解作用を応用したもの。メイクした皮膚にクレンジングクリームをたっぷり塗り，軽くマッサージすると，はじめ水溶性の水相に溶けながら，水分を蒸発して減少する。次にクリームは反転油中水型になりメイクアップ料の油溶性の汚れが油相に溶解分散してクリームに包み込まれる。最後は，ふき取るタイプと水洗いするタイプがある。皮膚への刺激が少なく，皮脂のとり過ぎもない。

(5) クレンジングローション（ミルク）

クレンジングクリームに比べて油分が少ない。脂性肌の人に向く。

(6) クレンジングジェル

・水溶性高分子ゲル化タイプ：クレンジング用の油分を少なくし，逆に油分を溶かす保湿剤系成分を多く配合したうえ，クレンジング効果を高めるための水溶性高分子でジェル状にしたもの。

・乳化または液晶タイプの油性ジェル：油分を大量に配合してあるのでメイクアップ料となじみがよく，使用途中でO/W（oil in water；水の中に油の粒子が分散している乳化の状態をいう）からさらに転相して軽くなり，水に流せる。耐水性，耐

油性のハードなメイクアップ料を落とすのに向いている。

（7）クレンジングオイル

　油性成分に少量の界面活性剤，エタノールなどを配合した，洗い流し専用のもの。洗い流すときO/W型に乳化する。

2．化粧水

　目的：水分補給，収れん，ふきとり。目的によってタイプが異なる。

　特徴：基本的には水，エタノール，保湿成分に香料や色をつけたものである。以下に代表的なものを挙げて説明する。

（1）柔軟化粧水（モイスチャーローションなどと呼ばれる）（表1）

　角質に水分を与えるのが目的である。特に洗顔後の肌は皮脂がとられ天然の保湿剤（natural moisturing factor）が流れ落ち，角質中の水分はすぐにも蒸発しやすい状態になっている。このため，洗顔後すみやかに使用する。皮膚表面のpHに近い5.5～6.5（弱酸性）に調節されているものが多い。保湿が目的ならノンアルコールのものを選ぶ。脂性肌は保湿剤入りアルコール化粧水がよい。

（2）収れん化粧水（アストリンゼントローションなどと呼ばれる）

　角質層に水分・保湿成分を補うのが目的であるが，同時に収れん作用や皮脂分泌を抑制する作用をもつのが特徴である。収れん剤は皮膚の蛋白質に作用し，軽く凝固させることにより肌をひきしめたり整えたりする。また一時的に発汗抑制作用もある。クエン酸，酒石酸，アルミニウム，亜鉛など，またエタノールも蒸発時の冷却作用で，緩和な収れん作用をもつ。脂性の高い部分の使用がよい。使用は化粧前がよい。

（3）ふきとり化粧水（スキンフレッシュナーなどと呼ばれる）

　クレンジングクリーム，マッサージクリームなどを拭きとったあとに残る油分を取るために使用する。洗浄力を高めるためアルコール分や界面活性剤の配合が多い。さっぱりした使用感がある。

3．美容液

　目的：保湿，エモリエント（emollient：肌をやわらかくする），化粧下地（ファンデーションののりを良くする）。

表1　柔軟化粧水の処方例

構成成分	代表的成分	性質	含有率
精製水		無色・透明，pH5.3〜7.0	75%
アルコール	エタノール	無色・透明で特有な芳香がある揮発性の液体。化粧品には欠かせない原料で，溶清・清浄殺菌・収れん・可溶化乾燥促進などがある。	15%
保湿剤	グリセリン	皮脂肪膜の分解によって生成する天然の皮膚成分でもある。最も古くから用いられている保湿剤である。無色・無臭の粘性液体で甘味がある。皮膚に対し保湿剤・柔軟剤として働く。またヒアルロン酸ナトリウムを組み合わせると皮膚表面に薄い皮膜をつくり強力な水分保持能力を発揮する。	5%
	1,3ブチレングリコール（BG）	無色・無臭でかすかに甘味がある。適度の湿潤性と抗菌性があり皮膚刺激もない。	
	ヒアルロン酸	皮膚によく吸収され伸びがよく，べとつかず，角質層の水分を高める。空気中の湿度に左右されずに保湿性を一定に保つという特性をもつ。グリセリンなどの多価アルコールとの併用で，保湿効果・皮膚改善効果を高める。天然ヒアルロン酸と科学的には同じである。バイオヒアルロン酸の実用化で，安価に使用可能となった。	
可溶化剤	ポリオキシエチレンオレイルエーテル	オレイルアルコールに酸化エチレンを付加したもので，非イオン性の界面活性剤	2%
増粘剤	カルボキシビニポリマー（カルボマー）	毒性・皮膚刺激性などがない。水に分散して，酸性を示し，これを中和すると透明な高粘度の溶液が得られる。天然ガムと違い，増粘効果，品質の均一性・温度による粘度の安定性にすぐれている。微生物による汚染にも強い。皮膚上ではサラッとした感触である。	0.6%
	キサンタンガム	ブドウ糖などの炭水化物をキサントモナス属菌を用いて発酵させてつくる微生物由来の天然ガム質。他の天然ガム質に比較して10〜100倍の分子量を持つので特異な粘性を出す。保湿成分・増粘剤としてすぐれている。	
香料 染料 防腐剤 pH調整剤 など			

特徴：化粧水にも乳液にも分類されない粘度のある液体。ノンオイルであることでどのような肌質にも適する。

4. 乳　液

目的：角質層に水分や保湿成分を補給する。
特徴：水相成分と油相成分が乳化されているエマルジョン（乳化物）である。油分も含むので，手軽なスキンケアとして用いられる。市販されているものの大部分はO/W型のエマルジョンである（表2）。最近ではさらっとしていながらクリームと同様の保湿・エモリエント効果をもつものも出ている。

5. クリーム

目的：皮膚に水分と油分，保湿分を補い，また角質層の水分を保持する。保護作用，柔軟湿潤作用，成分浸透作用などを有する（表3）。
特徴：水相成分と油相成分が乳化されているエマルジョンで比較的粘度が高い。クリームと乳液の違いは粘度（硬さ）の違いである。
皮膚の乾燥状態に合わせて部分的に使用するのがよい（表4）。

●文献
1) 木村幸, 古市麻紀, 立石肖子ほか編：化粧品成分用語事典. 鈴木一成監, p462, 中央書院, 東京, 2000
2) 化粧品全成分表示研究会編：中身で見わける化粧品選び. 山本一哉監, p20, p21, 三水社, 東京, 2000
3) 戸田浄：化粧品技術者と医学者のための皮膚科学. p121, 文光堂, 東京, 1997
4) 社団法人有機合成化学協会編：日本薬局方有機化合物辞典. 講談社, 東京, 2002
5) 椎名玲, 吉中由紀：成分表でわかる買いたい化粧品. 境野米子監, 永岡書店, 東京, 2001

（長田文子）

表2　乳液の処方例

構成成分	代表的成分	性質	含有率
精製水		無色・透明，pH5.3〜7.0	70%
油性成分	ステアリン酸	主に牛脂・大豆油・綿実油などから得られる白色の固体。クリームの成分として非常に重要で，クリームの伸び，硬さに影響を与える。	16.5%
	セタノール（セチルアルコール，パルミチルアルコール）	白色・光沢のあるロウ様の固体。末端に水酸基を有するので親水活性があり，クリームや乳液に配合すると，安定性が非常に向上する。皮膚に対するエモリエント効果もある。クリームの光沢と白色を与える。	
	ワセリン	石油から得られる半固形の炭化水素類の混合物。常温で固形の油分が外相，液体の油分が内相に存在するコロイド状である。白色から微黄色の軟膏様物質で無色・無臭・粘着力が強い。	
	ラノリンアルコール	黄褐色でロウ状または軟膏状。ラノリンに比較して，コレステロールを多く含むので保水性，乳化性にすぐれる。しかし酸化変敗しやすい。人によっては刺激作用を示す。	
	流動パラフィン（ミネラルオイル）	無色・透明・無臭な液体。不活性で酸化変敗しにくく，乳化しやすい。また皮膚によく伸び浸透性がほとんどない。油性の物質とも相容性がよいのでメイクアップ料の溶解除去に適している。	
乳化剤	ポリオキシエチレンオレイルエーテル	非イオン性界面活性剤の中で最も安定している。ポリオキシエチレンセチルエーテルに似た性質を有するが，本品を使用した方が柔らかい。	2.5%
保湿剤	グリセリン	最も古くから用いられている保湿剤。無色・無臭の粘性液体で甘味を有する。製品の硬さ，粘度を長期間一定にする目的で使用する。製品ののびや滑りをよくする。	8%
	プロピレングリコール（PG）	グリセリンに似た性質を有するが，グリセリンより粘度が低いため，さっぱりとして使用感がよい。溶血性がある。	
アルカリ	トリエタノールアミン（TEA）	中和のために使用する。無色から淡黄色の液体で吸湿性に富みわずかにアンモニア臭がある。保湿剤としても用いられる。柔軟な良質のクリーム，乳液，ローションに使用される。	1%
香料 防腐剤 酸化防止剤			

表3 保湿クリーム（バニシングクリーム*）の処方例

構成成分	代表的成分	性質	含有率
水相	精製水	無色・透明，pH5.3～7.0程度	79.5%
	プロピレングリコール（PG）	無色・無臭の液体で，グリセリンに似た外観や性質を持つ。グリセリンに比べてさっぱりとした使用感がある。溶剤としても優れている。	
油性成分	ステアリン酸 ワセリン	（表2参照）	16%
乳化剤	自己乳化型モノステアリン酸グリセリン	ステアリン酸グリセリンはもっとも古くからW/O型乳化剤として使用されている。これに石鹸や非イオン性界面活性剤を加え親水性を増強したもの。	4%
	ポリオキシエチレンソルビタンモノステアリン酸エステル（20 E.O.）	淡黄色液体。水に溶ける。微臭。安全性が高いため乳化剤に多用される。非イオン性界面活性剤。	
香料 防腐剤 酸化防止剤			

*油分含有量が少なく，さっぱり感が好まれる。

表4 クリームの名称と特徴（油分から見たクリームの分類）

形式（タイプ）	構成		代表製品例		使用感
	油分（%）	水分（%）			
O/W型 (oil in water)	10～25	90～75	・化粧下地クリーム ・バニシングクリーム ・エモリエントクリーム 　（弱油性）	親水型クリーム	さらりとしている ↑ ↓ 油っぽい
	25～50	75～50	・エモリエントクリーム 　（中油性～弱油性）		
	50～75	50～25	・エモリエントクリーム 　（油性～中油性） ・クレンジングクリーム ・マッサージクリーム		
W/O型 (water in oil)	50～85	50～15	・エモリエントクリーム 　（油性） ・クレンジングクリーム ・マッサージクリーム	吸水型クリーム	

第IV章

リハビリメイク®の実際

かづきれいこ氏によって開発・研究されたリハビリメイク®の基本のメイクアップ方法を解説する。すべての事例の前提となる手技である。

1 血流マッサージ

…リハビリメイクに入る前に必ず行う

● **考え方**

　メイクアップに入る前に，すべての患者さんに対して顔面のマッサージを行う。これを，「血流マッサージ」と呼んでいる。顔面は血行が悪くなりがちな部位であり，疾患のある場合は特に静脈血が滞りやすい。血液の流れに沿ってマッサージを行うことで，静脈血が心臓へと還流するのを助けるのが「血流マッサージ」の目的である。患部に過度の刺激を与えることなく血行を促進することができる。マッサージを行うことで皮膚表面の状態が整い，患部を含む顔面全体のファンデーションの乗りが良くなる。また，顔面のむくみ，たるみ，くま，くすみが軽減し若々しい印象になるため，メイクによって患部を完全に被覆できなくても，患者さんの満足度が高まる。マッサージ後，患者自身からは「顔が軽くなった」「目がぱっちり開いた感じがする」などの感想が得られることが多い。

● **注意点**

　皮膚に過度な負担がかからないように注意する。洗顔後，化粧水やスクワラン系のオイルで水分と油分を十分に補った（以下，"整えた"と記す）肌に，メイク用のスポンジを使ってマッサージを行う。この時，滑りをよくして肌に負担がかからないようにするために，スポンジは事前に水で濡らして固く絞ったうえで，美容液を含ませておく。

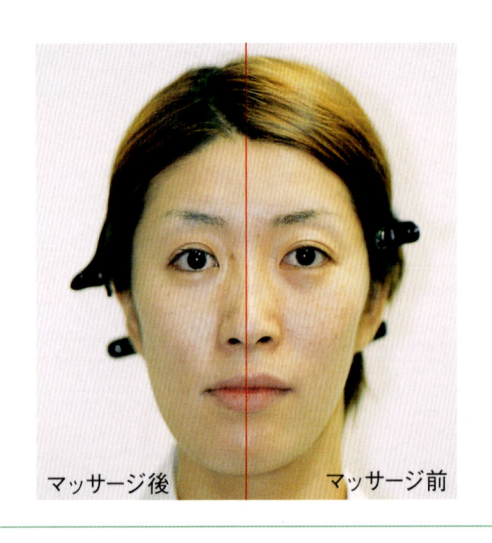

マッサージ後　　　　　マッサージ前

マッサージ前後の比較
　左の写真は向かって顔面左だけに血流マッサージを行った例である。マッサージを行った側は，まぶたの腫れぼったさが軽減して眼が大きく開き，目の下のくまが薄くなっているのがわかる。また，加齢によってこけた頬がふっくらしている。

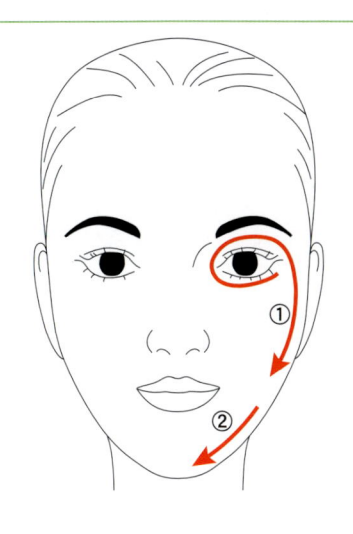

マッサージの方向

目尻の下からスタートし，目の周りをぐるっと一周して，こめかみから下方向へすべらせる。その後，耳の下から顎に向かってなで下ろす。これを何度か繰り返す。30秒ほどを目安とする。

手順①

清潔なスポンジを水で濡らして固く絞り，美容液を数滴，手のひらに出してスポンジに含ませる。片方の手の指で目尻の皮膚を斜め上に引き上げた状態で，スポンジで目のまわりを一周させ，下方向へすべりおろす。目の周りは皮膚が薄いので，力を入れすぎないように注意しながら行う。

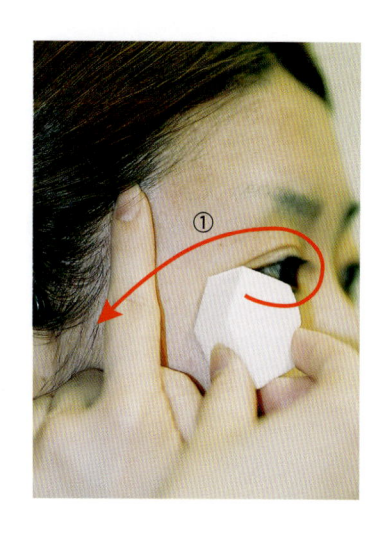

手順②

手順①に続けて，耳の下から顎方向へ向かい，顔の輪郭に沿ってスポンジをすべらせる。この部分は皮膚が比較的厚いので，患者が気持ちよく感じる程度に力を入れて行う。皮膚がたるんでいて，スポンジがすべりにくい場合は，片方の手で耳を上に引っ張り上げながら行うとよい。手順①→手順②を約30秒間繰り返す。

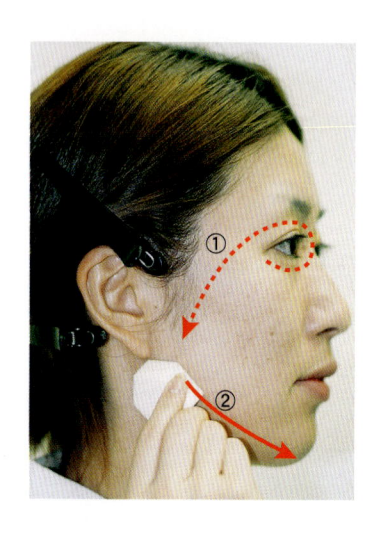

2 ファンデーションの選択
…数種をブレンドして個々人に適切なものを作る

●考え方

患部をより自然に被覆するためには，ファンデーション選びが重要である。リハビリメイクにおいては，1人に対して必ず複数のファンデーションを使用する。色の濃淡のみならず，質感（被覆力）の違うファンデーションを数種類混ぜて使用することによって，個々人に適した，いわばオーダーメイドのファンデーションを作り出すことが肝要である。

●注意点

使用するファンデーションを選ぶ際は，患部の状態，年齢（皮膚の若さ），人前に出る機会の多寡などのライフスタイル，また，本人がメイク技術をどの程度有しているかなどを総合して判断する。また，複数のファンデーションを混ぜる際には，粒子が細かくなるまで手のひらで完全に混ぜ合わせてから塗布するようにする。これを怠ると皮膚への密着度が低くなり，化粧くずれの原因となる。

●ファンデーションのいろいろ　　（　）内は本書での呼称を示す

乳液タイプ
（乳液状ファンデーション）
水分を多く含む，乳液のような感触のもの。被覆力は最も低い。

クリームタイプ
（モイスチャーファンデーション）
水分が比較的多い，しっとりした感触のもの。被覆力は高くない。乾燥した肌に適している。

練り状タイプ
（ハードファンデーション）
さらっとした感触の練り状のもの。被覆力はやや高い。

パウダータイプ
（ミキシングファンデーション）
きめの細かいパウダー状のもの。被覆力はやや高い。

被覆力のあるタイプ
（カバーリングファンデーションA）
おもに患部を被覆したい場合に用いる。

被覆力の高いタイプ
（カバーリングファンデーションB）
被覆力が高い。隠れにくい患部を被覆したい場合に用いる。

● **ファンデーション選択の基本**

　リハビリメイクにおけるファンデーション塗布は，一般に「下地」「第1段階（顔面全体）」「第2段階（患部）」の3段階に分かれる。患部の状態，年齢，本人の望む被覆のレベルなどによって，使用するファンデーションを選択する。

＜下地＞
- 手軽さ・自然さを重視する場合 ………… 乳液状ファンデーション
- 皮膚の色調の統一感を得るために ……… ハードファンデーション（黄色）
　　　　　　　　　　　　　　　　　　　　カバーリングファンデーションA（黄色）
　　　　　　　　　　　　　　　　　　　　（より被覆力が高い）

↓

＜ファンデーション第1段階（顔面全体）＞
- 標準的には …………………… ハードファンデーション
　　　　　　　　　　　　　　　＋モイスチャーファンデーション
- 手軽さを重視する場合 …… モイスチャーファンデーション
　　　　　　　　　　　　　　　＋ミキシングファンデーション
- 被覆力を重視する場合 …… モイスチャーファンデーション（もしくはミキシングファンデーション）
　　　　　　　　　　　　　　　＋カバーリングファンデーションA

↓

＜ファンデーション第2段階（患部）＞
- 場合に応じて ……………… カバーリングファンデーションA
　　　　　　　　　　　　　　　カバーリングファンデーションB

● **ファンデーションについて**

　リハビリメイクにおいては必ず数種類のファンデーションを混ぜて使用することが特徴である。その際，素材となるファンデーションは，市販のファンデーションの何を利用しても構わない，という考え方である。医療機関で使用されることの多い「カバーマーク®」の使用も可能である。左頁に記載した各ファンデーションの形態やカバー力の特徴を参考に選択するとよい（なお，本書では，かづきれいこ開発のもので説明した）。

3 基本のメイクアップ
…すべてのリハビリメイクの基本となる方法

● **考え方**

まず最初に皮膚を整え，患部を目立たなくした後で，眉毛や目元，唇など，ポイントとなる部分に適切なメイクアップを行う。患部を完全に被覆できない場合も多いが，その際には，本人の顔立ちの個性を考慮し，いわゆるチャームポイントを強調することによって視線を患部からそらすことが効果的である。患部の程度およびカウンセリングから推し量れる本人の受容の程度によっては，最初から患部の被覆を重視しない。眉を整えてアイメイクをしたり，口紅の塗り方を工夫するなど魅力的な顔を作ることで，満足を引き出す方法を取る場合もある。

● **注意点**

リハビリメイクの目的は，患者本人が自らの外観を受容することである。そのためにはまず，メイクアップセラピスト自身が患部のみにとらわれることなく，その人の全体を見て個性と魅力に着目し，それを最大限に表現するメイクを心がけなくてはならない。また，あまりにも複雑な手順を要するようなメイク法は現実的ではない。メイクアップセラピストは自己満足に陥ることなく，患者さんが自分の手でできるメイク法を考え，指導すべきである。

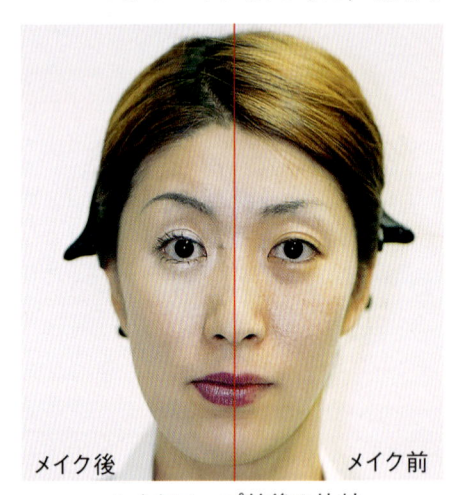

メイク後　　　　メイク前
メイクアップ前後の比較

上の写真は，顔の向かって左半分だけにリハビリメイクを行った例である（特別な疾患はない）。メイクした側は，加齢によるしみやくすみがカバーされ，若々しく張りのある皮膚に見える。また，目尻や頬の位置が引き上がって見え，それが若々しい印象を作っている。

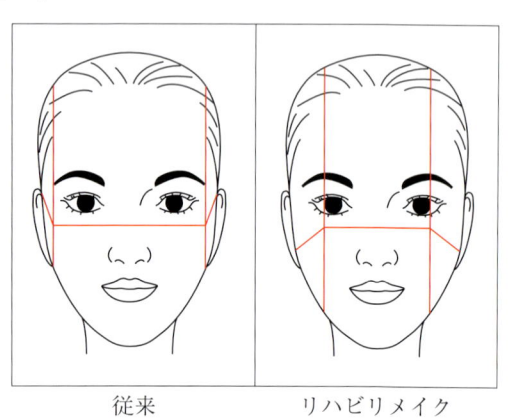

従来　　　　リハビリメイク
顔のとらえ方

リハビリメイクでは，顔を立体としてとらえ，正面顔と横顔でファンデーションの塗り方を変える。従来の化粧法よりも，正面顔を狭く，横顔を広くとらえることで，顔をすっきりと立体的に見せることができる。

● **使用物品**（ファンデーションは，今回の事例の場合）
・スクワランオイル　化粧水　美容液
・乳液状ファンデーション
　ハードファンデーション（黄色とベージュ，2：1の割合）
　モイスチャーファンデーション（ピンクとオークル）
　カバーリングファンデーションA（ベージュ）
　スポンジ1個
・パウダー（おしろい）　パウダー用パフ　フェイスブラシ
・光沢のある白のパウダー（以下，本書では"パール"と記す）
・眉ペンシル　アイシャドー（光沢のない茶色）
・アイラインペンシル　マスカラ　頬紅　口紅

● **手順のまとめ**

　　　　　　①スクワランオイルで肌を整え，血流マッサージを行う
下地　　　　②乳液状ファンデーションを顔全体に塗布してスポンジでなじませる
ファンデーション　③④⑤ファンデーションを混ぜて，顔全体に塗布する
第1段階　　⑥⑦⑧フェイスパウダーを塗布し，払う
ファンデーション　⑨⑩カバーリングファンデーションを塗布する（＋フェイスパウダー）
第2段階　　⑪⑫パールを塗布する。確認する
　　　　　　⑬眉を整えて描く
　　　　　　⑭アイメイクをする。頬紅，口紅を塗布する

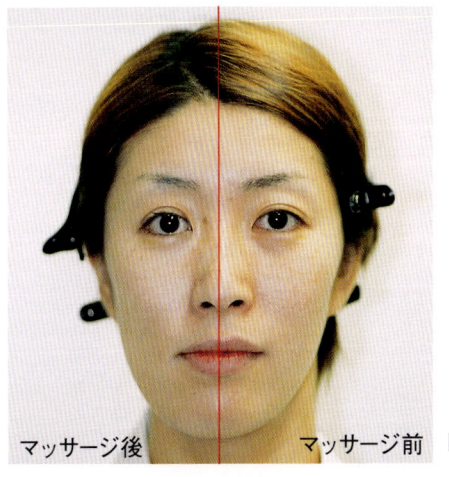

手順①　スクワランオイルで肌を整え，血流マッサージを行う

　洗顔後の濡れたままの皮膚にスクワランオイルを1～2滴塗布し，タオルで軽く押える。清潔なスポンジを水で濡らして固く絞り，美容液を数滴手のひらに出してスポンジに含ませる。p87の要領で血流マッサージを行う。

マッサージ後　　マッサージ前　向かって左半分に血流マッサージを行った状態

手順②　下地：乳液状ファンデーションを顔全体に塗布してスポンジでなじませる

手順③　ファンデーションを取る

ハードファンデーションの黄色とベージュを同一のスポンジに重ねて取る。次にモイスチャーファンデーションの2色を手のひらに出す。

ハードファンデーションは，ファンデーションの面にスポンジをあて，くるっと1回転させるのを1と数えると割合が決定しやすい（2の場合は2回転，3の場合は3回転させる）。

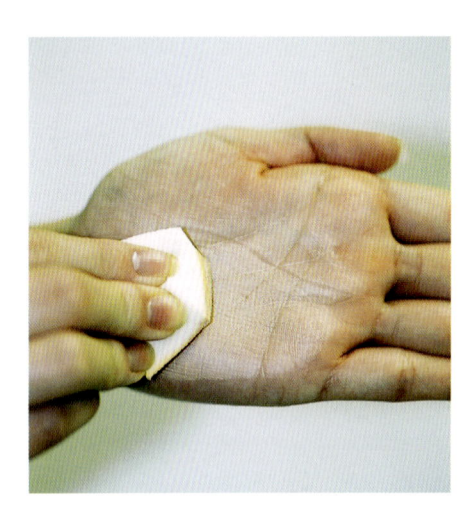

手順④　ファンデーションを混ぜる

ファンデーションの粒子を擦りつぶすつもりで，2種類計4色のファンデーションを透明感が出るまで十分に混ぜ合わせる。最終的にスポンジが完全にファンデーションを吸い込んだ状態にする。

このように混ぜていく。
最終的に，手のひらに透明感が出るまで混ぜ合わせる。

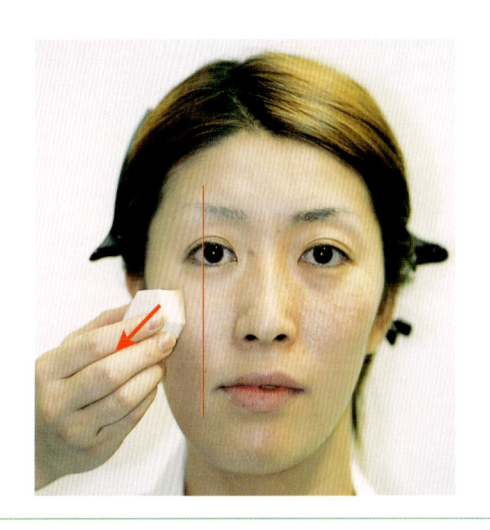

手順⑤　ファンデーションを顔全体に塗布する

右上図のような方向で行う。皮膚に張りを持たせ，目を開き，頬のたるみを引きしめる効果があり，顔が立体的となる。

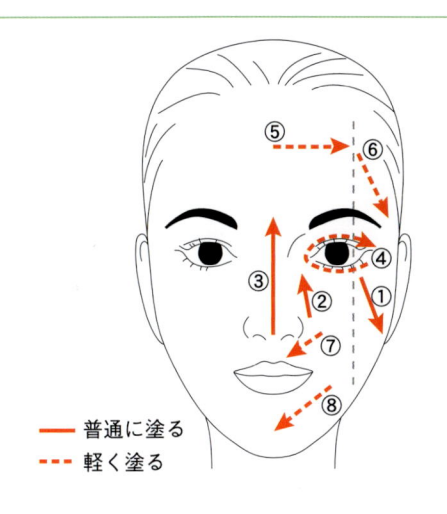

＜ファンデーションを塗布する順番と方向＞
①頬骨の高いところからフェイスラインへ
②頬の中央から斜め上へ
③鼻は下から上へ
④血流マッサージの要領で目のまわりをぐるりと一気に
⑤額の中央から横へ
⑥額の横顔部分を斜め下に
⑦鼻と口の間を斜め下に向かって
⑧あごのラインに沿って斜めに

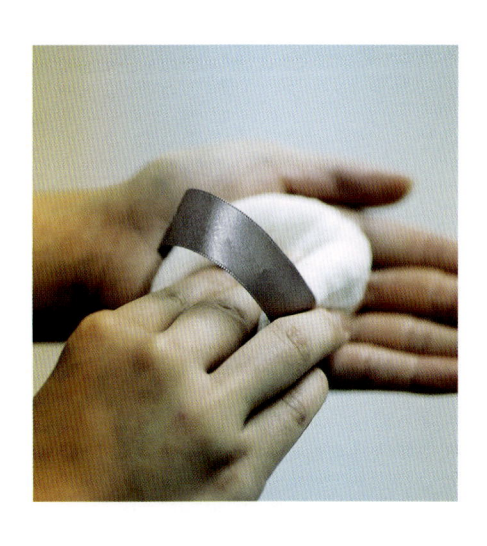

―― 普通に塗る
--- 軽く塗る

手順⑥　フェイスパウダーをパフに取る

　フェイスパウダー（おしろい）をパフに取り，パフの中にパウダーがしっかりと含まれるよう，手のひらでよく揉み込む。こうすることで，パウダーの粒子が細かくなり，皮膚への密着度が増す。

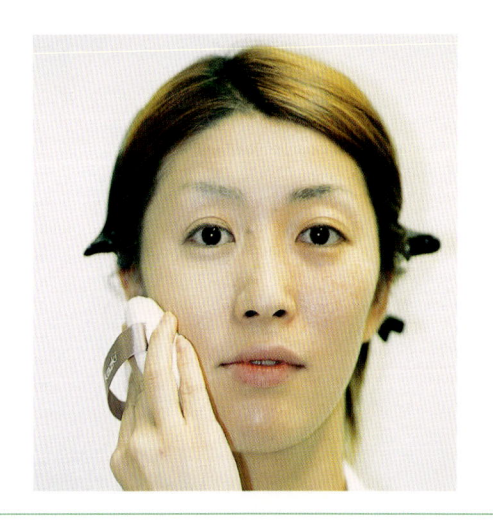

手順⑦　フェイスパウダーを塗布する

　パフでポンポンと叩くのではなく，下から上に向かって押えるようにしてつけていく。こうするとパウダーがムラにならず，皮膚にしっかり密着する。鼻の脇などの細かい部分は，パフを折って使う。

第Ⅳ章　リハビリメイクの実際　93

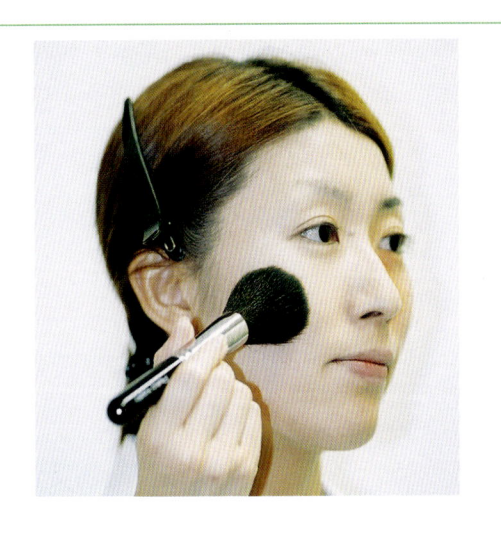

手順⑧　フェイスパウダーを払う
　　　　　（ファンデーション第1段階終了）
　フェイスブラシで余分なパウダーを払う。フェイスブラシを動かす方向は，顔の上から下，中心から外側に向ける。
　フェイスパウダーは，肌表面をサラサラの心地よい肌触りにし，キメの整ったなめらかな肌に見せる，化粧くずれを防ぐ，紫外線を反射して日焼けを防ぐ，などの効果がある。

手順⑨　カバーリングファンデーションを取る
　ここまでの段階で隠れなかった患部を被覆するため，より被覆力の高いカバーリングファンデーションを使用する。まず，スポンジにカバーリングファンデーションA（ベージュ）を取る。

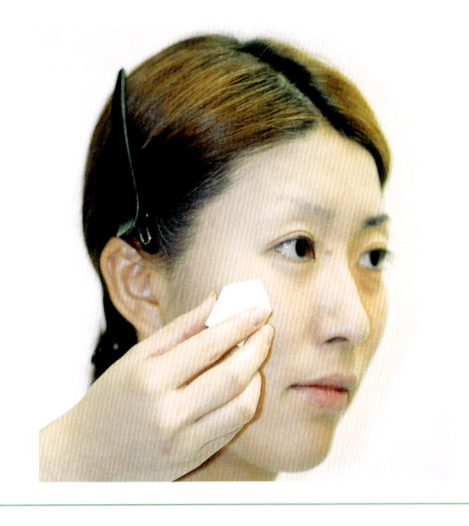

手順⑩　カバーリングファンデーションを塗布する
　手のひらでカバーリングファンデーションをスポンジにしっかりとなじませてから，患部に塗布する。この時，スポンジをすべらせず，ポンポンと叩くようにして塗布する。その後，カバーリングファンデーションを塗布した部分に，初めに使用したパフでフェイスパウダーを塗布し，払う。

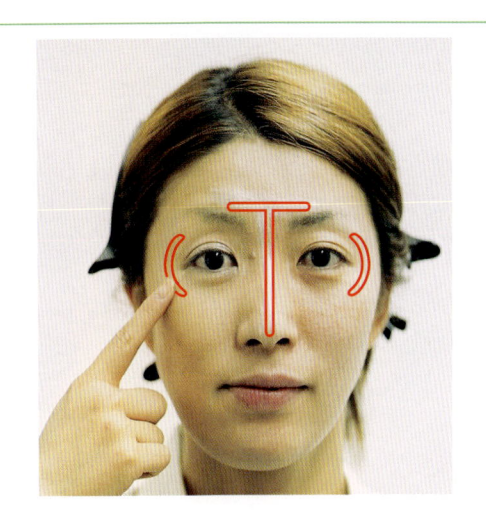

手順⑪　パールを塗布する

　顔の凸部分にパール（光沢のあるパウダー）を塗布することで，顔全体に立体感をもたらし，ファンデーションを塗布した肌の質感を軽く見せる。指先に適量をとり，額と鼻筋から鼻尖まで，頬骨の部分に塗布する。

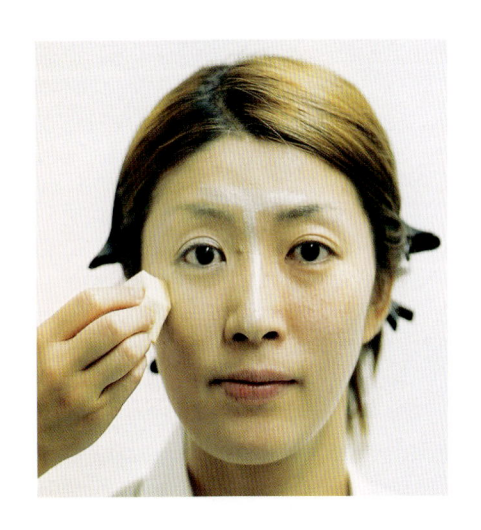

手順⑫　パールをぼかす。確認する
　　　　　（ファンデーション第2段階終了）

　ファンデーションを塗布する際に使用したスポンジ（ファンデーションのついた側）で，パールを塗布した部分をぼかす。この時，スポンジをすべらせず，ポンポンと叩くようにしてぼかす。不自然な厚塗りとなっていないかを確認する。

手順⑬　眉を整えて描く

　眉用のブラシで眉の間に入り込んでいるファンデーションを取り除き，眉毛の流れを整え，安全カミソリで形を整えた後，眉用のペンシルで描いていく。一気に描かず，短い直線をいくつも重ねていくのがポイント。最後に上から茶色のアイシャドーを重ねて印象をやわらげる。

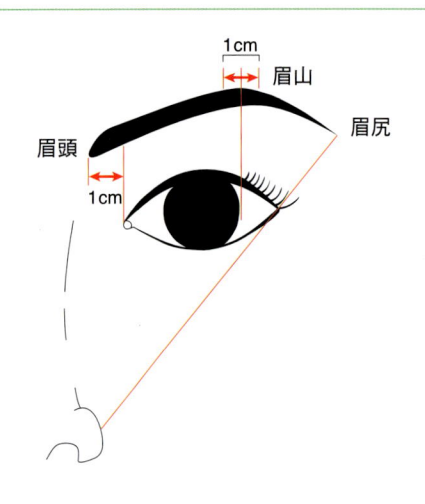

＜眉の形の決め方＞
- 眉頭：目頭よりも顔の内側方向に長くする。（1cm以内）。
- 眉中：眉頭と眉山の間を自然に結ぶ。
- 眉山：最初にこの位置を決める。黒目の延長線上を基本に左右1cmの範囲にする。
- 眉尻：眉頭より低くしない。

手順⑭　アイメイクをする。頬紅，口紅を塗布する
＜完　成＞（顔の両側を完成させた状態）

　患者の個性や希望にあわせて，アイシャドー，アイライン，マスカラなどを塗布する[1)2)]（以下，本書では「アイメイクを行う」と記す）。最後に頬紅，口紅を塗布する。

> メイクアップ前後の対比をわかりやすくするため，片顔にのみメイクアップを行う写真を掲載したが，実際には顔の両側とも同時に進行させる。

●参考文献
1) かづきれいこ：かづきれいこの完全メイクマニュアル．株式会社アスキー，東京，2002
2) かづきれいこ：かづきメイク．朝日カルチャーセンター，東京，2002

第V章

事 例

実際に行ったリハビリメイク®の事例を,疾患ごとに提示する。「IV章 リハビリメイクの実際」で説明されたメイクアップの基本手技が前提となっていることにご注意頂きたい。また,本章では手順と結果を中心に提示したが,メイクアップを行う過程では,I章で説明されたようなコミュニケーションやメイクアップの指導,セラピーが同時に行われていることは言うまでもない。

事例 1 熱傷瘢痕　陳旧例

《概　説》
　熱傷とは熱による皮膚の損傷のことである。熱傷創面にはメイクアップができないので，メイクアップは創が完全に治癒してから熱傷瘢痕の上に，あるいは熱傷創面状の植皮や皮弁にメイクアップを行うことになる。熱傷瘢痕は健常皮膚に比べて凹凸が大きく，また色素沈着を起こしている。また，古い熱傷瘢痕上に生じた皮膚潰瘍は皮膚癌が発症していることもあるので，傷がある時は医師の意見を聞いてから行うべきであろう。

《メイクの基本方針》
　熱傷後の瘢痕部は一般的にファンデーションがなじみにくいので，メイク前に水分と油分を十分に皮膚に補給することが重要である。植皮による凹凸がある場合，皮膚の段差を目立たなくするために，ファンデーションとフェイスパウダーを交互に塗布するプロセスを繰り返す。この際，スポンジや細筆を上手に活用し，より自然に凹凸を被覆することを目指す。

【事例1】34歳，女性。1歳で受傷し，3歳まで7回にわたって植皮術を受けた。その後，14歳から20歳まで10回にわたり植皮術が施行された。4年前，目の下および頭部の植皮術を受けた。同年から皮膚の色調の差を目立たなくする目的でレーザーおよびハイドロキシンによる治療を受けている。そのほか，鼻の再建手術，眉部分の植毛手術を受けている。

● 使用物品
　　・スクワランオイル　化粧水　美容液
　　・カバーリングファンデーションA（黄色とベージュ）　モイスチャーファンデーション　ミキシングファンデーション　カバーリングファンデーションB（ベージュ）　スポンジ1個　細筆
　　・パウダー　パウダー用パフ　フェイスブラシ
　　・パール（光沢のあるパウダー）　眉ペンシル　アイシャドー（茶色）アイブロウペンシル（芯の柔らかいもの）　アイラインペンシル　マスカラ　頬紅　口紅

メイク前　　　　　　メイク後

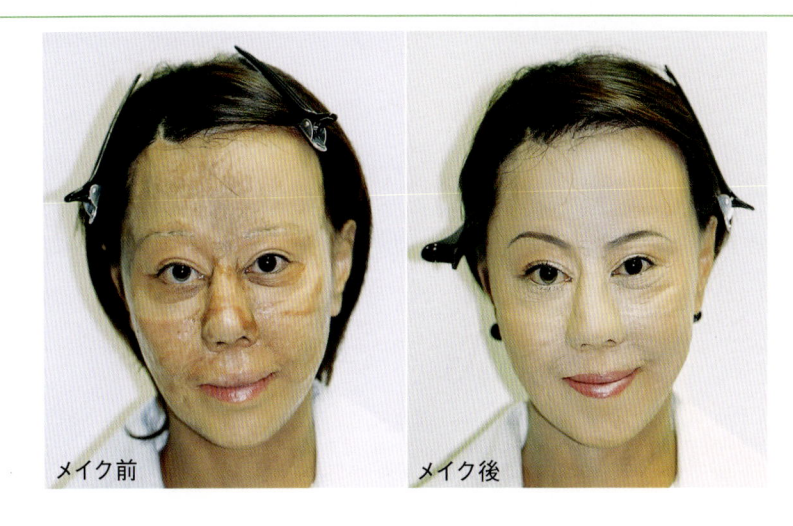

●事例1のメイクアップ方針

　　　幼少時に受傷していること，および本人の前向きな生き方によって，傷の受容がある程度なされている。こうした場合，施術者は患部を被覆することのみに専心するのではなく，本人のチャームポイント（本症例の場合は目元）を十分に活かすメイクアップを行うことが，本人の満足につながる。

●手順のまとめ

　　　　　　① スクワランオイルで肌を整え，血流マッサージを行う
　下地　　② カバーリングファンデーションA（黄色）を顔全体に塗布する
　　　　　③④ フェイスパウダーを塗布し，払う
　　　　　⑤ 確認

ファンデーション　⑥ ファンデーションを混ぜて，顔全体に塗布する
　第1段階　　　　⑦ フェイスパウダーを塗布し，払う。確認する

ファンデーション　⑧ カバーリングファンデーションを患部を中心に塗布する（＋フェイスパウダー）
　第2段階　　　　⑨ 細筆を用いて皮膚の段差を被覆する
　　　　　⑩ 同部を指で押えて密着させる（＋フェイスパウダー）
　　　　　⑪ ファンデーションを軽く落とす
　　　　　⑫ もう1度ファンデーションを患部を中心に塗布する（＋フェイスパウダー）
　　　　　⑬ パールを塗布する。確認する
　　　　　⑭ 眉を描く
　　　　　⑮ アイメイクをする
　　　　　⑯ 頬紅，口紅を塗布する

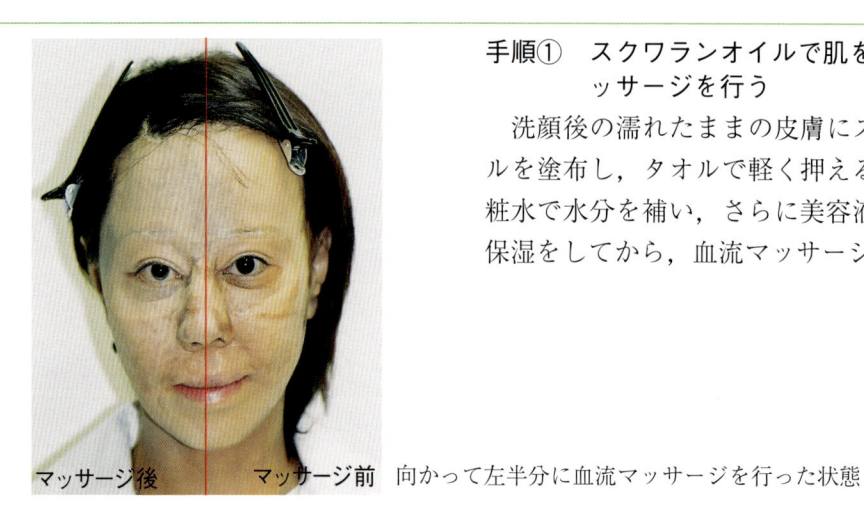

手順①　スクワランオイルで肌を整え，血流マッサージを行う

　洗顔後の濡れたままの皮膚にスクワランオイルを塗布し，タオルで軽く押える。その後，化粧水で水分を補い，さらに美容液・乳液などで保湿をしてから，血流マッサージを行う。

マッサージ後　　マッサージ前　向かって左半分に血流マッサージを行った状態

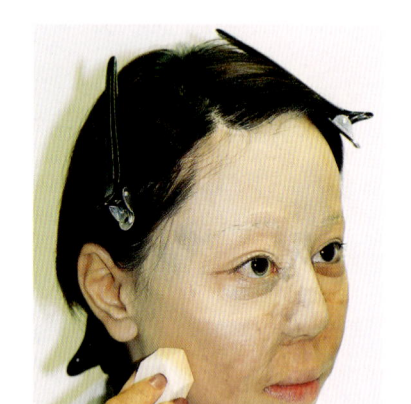

手順②　カバーリングファンデーションA（黄色）を顔全体に塗布する

　メイク用のスポンジに，カバーリングファンデーションA（黄色）を取り，スクワランオイルを数滴加えて手のひらでよくなじませてから，顔全体に均一に塗布する。「ファンデーションを塗布する順番と方向」（p93）に準じて行う。

手順③　フェイスパウダーを塗布する

　フェイスパウダーをパフに取り，手のひらで揉み込むようにしてパウダーをパフによく含ませる。下から上に向かって押えるようにしながら，顔全体に塗布する。

事例1：熱傷瘢痕

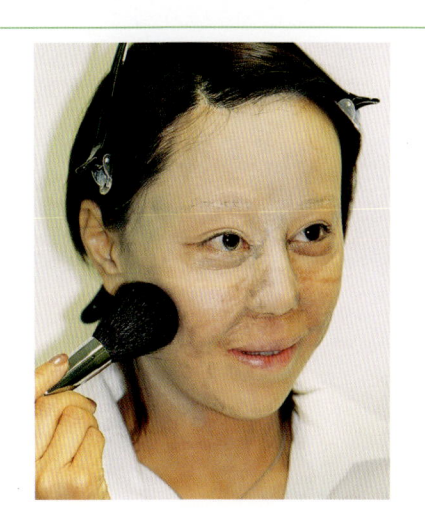

手順④　フェイスパウダーを払う

　大きめのフェイスブラシを用いて，手順③で塗布したフェイスパウダーを払う。ブラシは，上から下，中心から外側に向けて動かす。

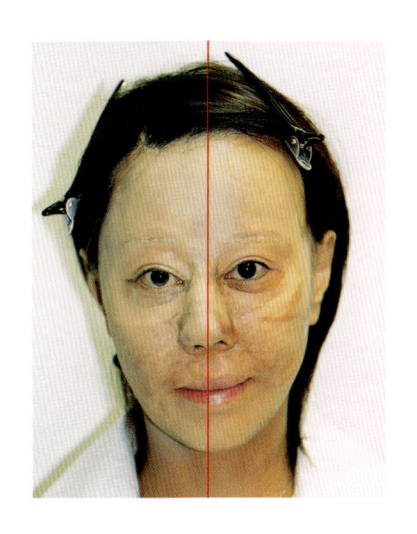

手順⑤　確認

　ファンデーションが均一に塗布され肌にしっかりと密着しているか，ベタベタしていないかを確認する。

手順⑥　ファンデーションを混ぜて，顔全体に塗布する

　ミキシングファンデーションをスポンジに取り，手のひらに出したモイスチャーファンデーションとよく混ぜ合わせる。スポンジにファンデーションがすべて吸い込まれたら，顔全体に塗布する。

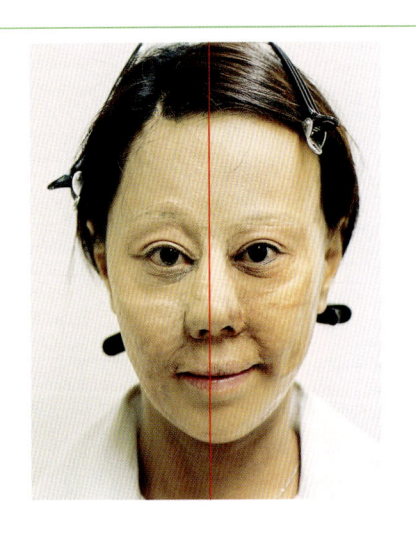

手順⑦　フェイスパウダーを塗布し，払う。確認（ファンデーションの第1段階終了）

手順③，④の要領でフェイスパウダーを塗布したら，ここでファンデーションの第1段階が終了する。患部が目立たなくなっていることを確認する。

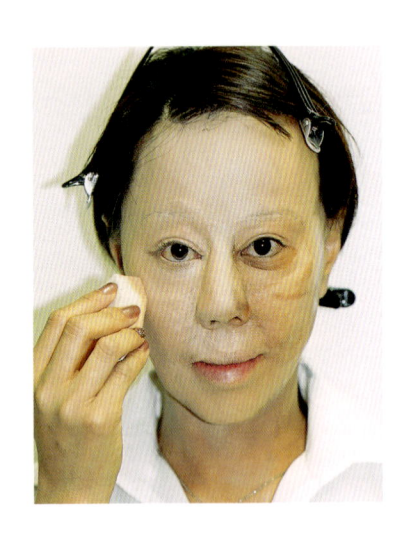

手順⑧　カバーリングファンデーションを患部を中心に塗布する

最初に使用したスポンジにカバーリングファンデーションA（ベージュ）を取り，手のひらでよくなじませてから患部を中心に塗布する。その後，フェイスパウダーを塗布し，払う。被覆が難しい部分には，より被覆力が高いカバーリングファンデーションBを使う。

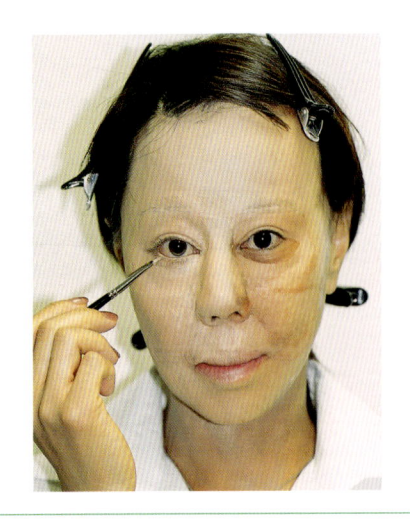

手順⑨　細筆を用いて皮膚の段差を被覆する

皮膚に段差のある部分は，細筆（口紅やアイライン用の筆が適している）にカバーリングファンデーションをつけて塗布する。

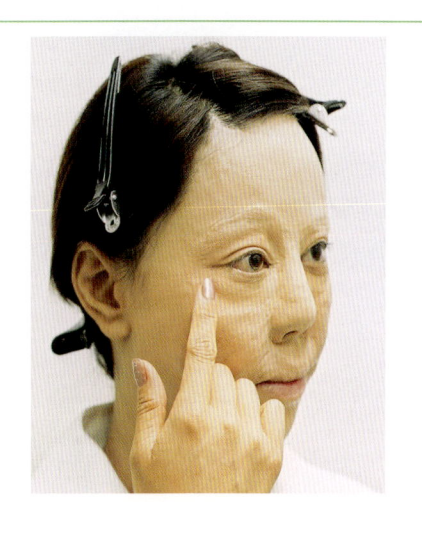

手順⑩　指で密着させる
　皮膚の段差のある部分に塗布したファンデーションを指でそっと押えてなじませ，皮膚により密着するようにする。この時，こすらないように注意する。その後，フェイスパウダーを塗布し，払う。

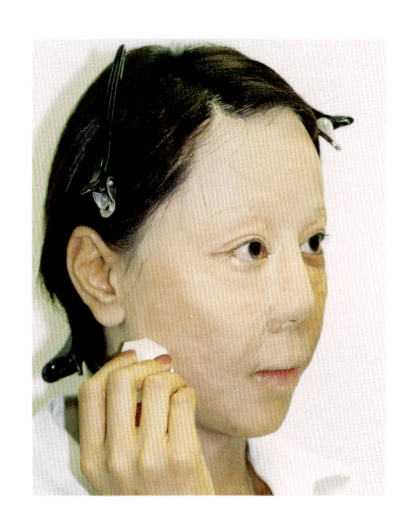

手順⑪　ファンデーションを軽く落とす
　スポンジのファンデーションのついていない面で，手順⑧～⑩でファンデーションを塗布した部分の上を軽く滑らせて，塗布したファンデーションを薄くする。こうすることで，塗布したファンデーションをより皮膚に密着させる。また，肌の凹凸を目立たなくさせる効果がある。

手順⑫　もう1度ファンデーションを患部を中心に塗布する
　手順⑪でファンデーションを落としたところのうち，患部が露出してきた部分に，手順⑨で用いた細筆やスポンジで，もう一度ファンデーションを塗布する。フェイスパウダーを塗布し，払う。

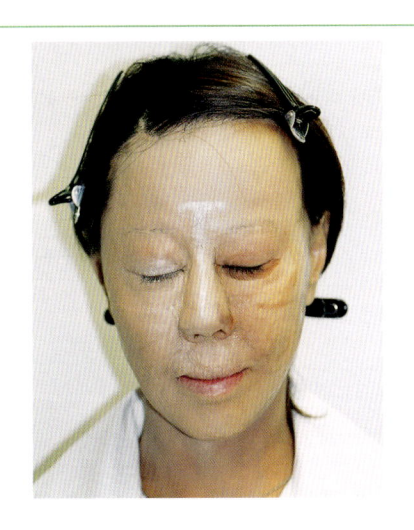

手順⑬　パールを塗布する。確認する
　　　　　（ファンデーションの第2段階終了）
　パールを指に取り，顔の凸部分（額，鼻筋，頬骨）に塗布する。その後，スポンジのファンデーションがついた面で，ポンポンと叩くようにしてぼかす。
　不自然な厚塗りになっているところがないかを確認する。

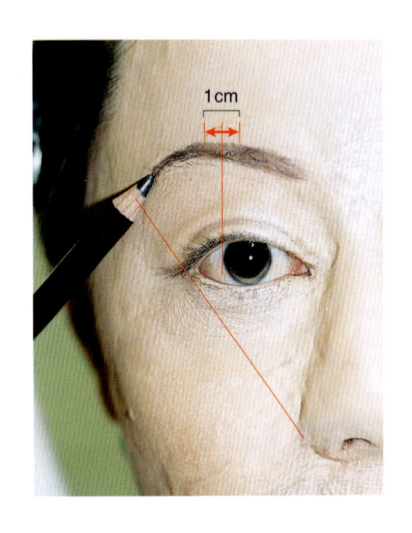

手順⑭　眉を描く
　本症例のように眉毛が失われている場合は，まず基本となる眉のラインを作る。この事例では，眉ペンシルでは芯が硬すぎるため，芯の柔らかいアイブロウペンシルを使用した。その後，眉ペンシルで眉を描く。

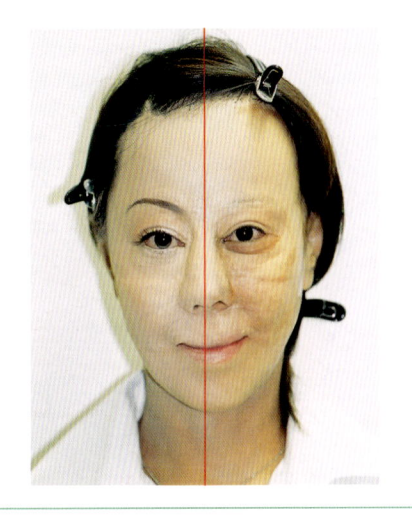

手順⑮　アイメイクをする
　アイシャドーを入れる。アイラインを入れ，まつ毛をカールしてマスカラを塗布する。

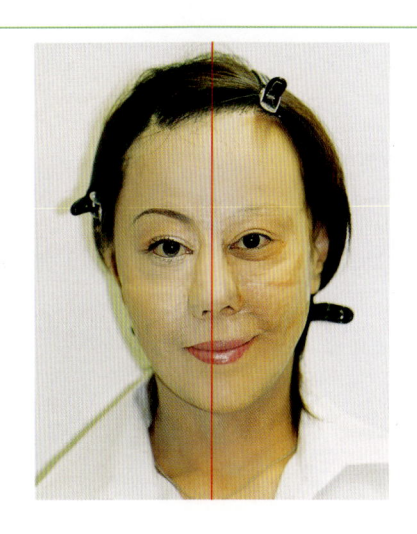

手順⑯　頬紅，口紅を塗布する

　広範囲にわたる熱傷の場合は，オレンジ色系の頬紅を使用すると肌色になじみやすく，自然に仕上がる。

　口紅は，下地を塗布してから塗ると，発色がよく，くずれにくい。下地は，口紅用の筆にカバーリングファンデーションB，スクワランオイル，口紅を取って手のひらでよく混ぜ合わせてつくる。これを口唇に塗布し，ティッシュなどで油分を押さえ，フェイスパウダーで上から軽く押さえる。その後，改めて口紅を塗布する。

＜完　成＞

　植皮による皮膚の色調の違いはファンデーションによって解消された。段差に関しては，完全ではないが，素顔に比べてかなり目立たなくなっている。目と眉に適切なメイクアップを行ったことによって，視線が目元に向かい，結果として患部が目立たなくなるとともに，この人の本来の魅力が前面にあらわれた，生き生きとした顔となった。

＜本人のコメント＞

◆満足している点

　これまでは「隠す」ためのメイクにしか縁がありませんでした。高校生くらいから「きれいになる」ためのメイクに憧れていましたが，熱傷の患者にそれを教えてくれる場所はどこにもなかった。今回リハビリメイクを経験して，ファンデーションで患部をカバーした後に「さあ，ここからだよ。きれいになるからね」と言ってもらえたのが本当に嬉しかったです。眉や目元をきれいに整えてもらって，やっと自分も普通のメイクができたのだと思いました。初めてお化粧が楽しいと思うことができました。

◆生活や心の変化

　手術を何度も繰り返しているときりがなくなり，どこでやめればいいかの判断がつかなくなってきます。手術以外にも，納得のいく外観を作る"メイクアップ"という方法があることを知ったことは，今後，手術をする・しないの判断をする際の参考になると思いました。また，メイクで心が前向きになれると知って，現在，教室に通って本格的にリハビリメイクの勉強をしています。いつか同じような苦しみを持つ人の役に立ちたいという目標ができました。

事例1：特に変化のあった部分

▼目の下
　帯状の皮膚移植部は質感・色調ともに周囲との差が大きかったが，メイク後は，ほぼ均一の色調となった。カバーリングファンデーションを塗布し，いったんスポンジで取ってから再び重ねる方法により，皮膚の段差や質感の違いも目立たなくなった。

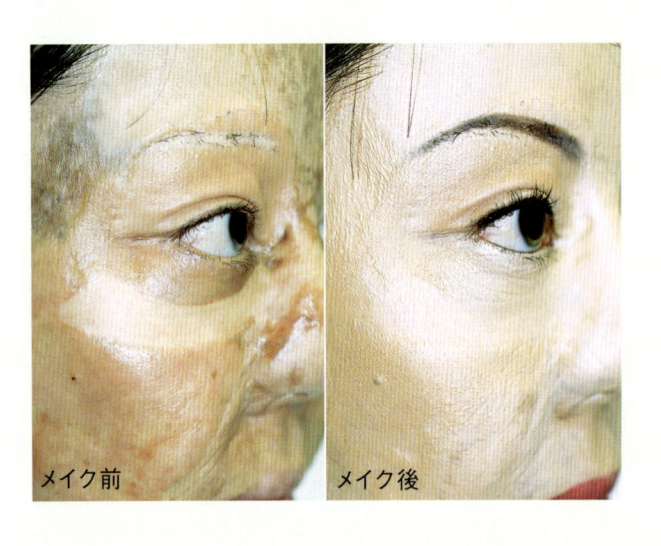

メイク前　　メイク後

▼眉
　顔立ちに合った眉を描くことで顔全体の印象を大きく変えることができる。本事例では眉の部分に植皮が行われている。眉毛がほとんどないため，アイブロウペンシルで基本となるラインを描いた上から眉ペンシルでメイクを行っている。また，目尻寄りにアイラインを入れたことで，本人のチャームポイントである大きな目がより引き立っている。

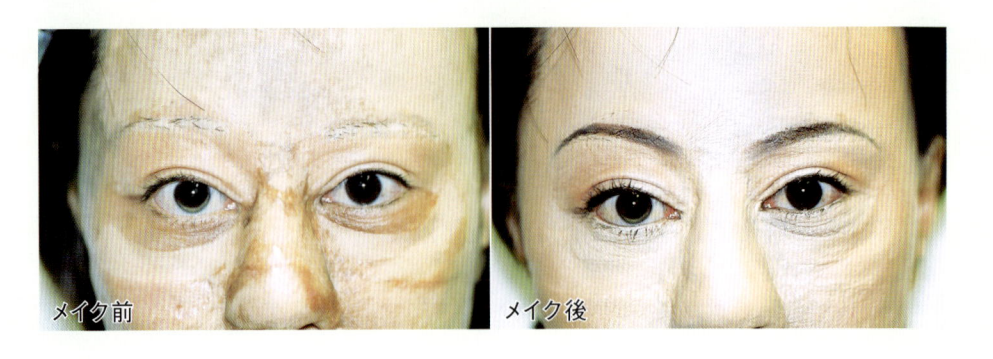

メイク前　　メイク後

▼頬〜唇

　頬は乾燥のためかたい質感となっていたが，スクワランオイルの塗布と血流マッサージによってやわらかい質感になった。上口唇側の輪郭がはっきりしていないため，ファンデーションとフェイスパウダーを塗布した上から口紅で輪郭を取っている。

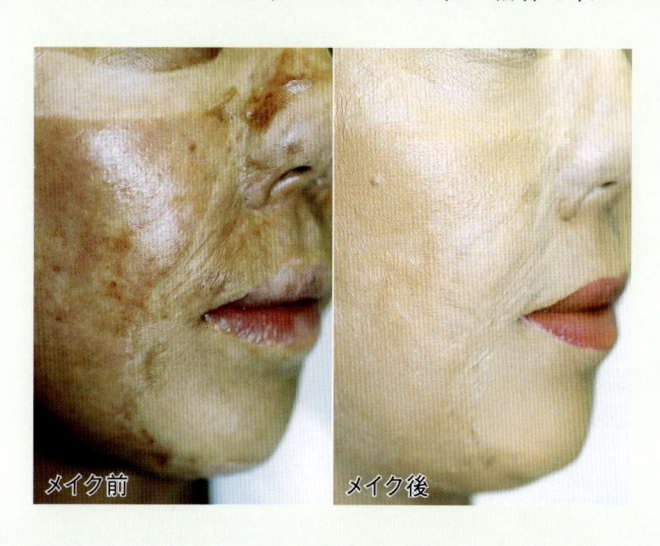

メイク前　　メイク後

▼生え際

　左のこめかみから生え際にかけてのいわゆるケロイド状になった部分は，色調・質感ともにファンデーションで均一に見えるように被覆された。ケロイド部分は皮膚が薄く，非常に乾燥しているので，水分と油分を十分に補ってからメイクすることが重要である。

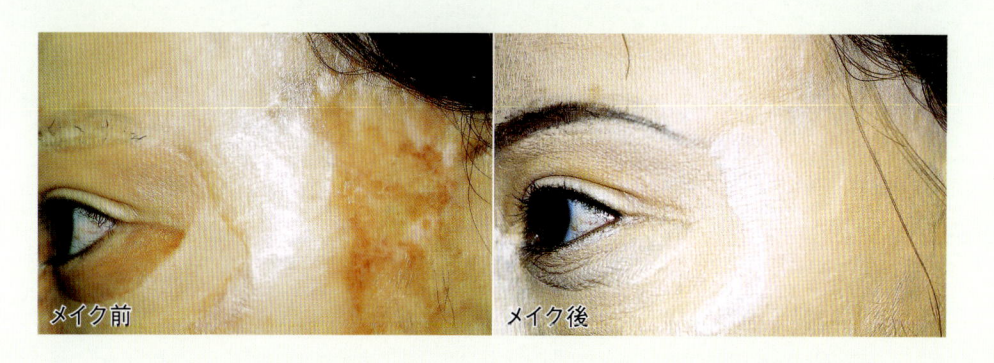

メイク前　　メイク後

事例 2 血管腫（1） 顔面の単純性血管腫

《概　説》
　顔面の単純性血管腫の事例である。現在では単純性血管腫の治療の第一選択は色素レーザーであるが，残念ながら有効率は100％ではない。本事例のように何十年も経過しているものや，やや隆起性のものに対しては，レーザーの有効率も劣るのでリハビリメイクの適応と考える。

《メイクの基本方針》
　血管腫の患部は皮膚が乾燥しがちなので，メイク前に必ずスクワランオイルを塗布する。血管腫特有の赤みを帯びた皮膚を被覆するためには，黄色のファンデーションが有効である。上に重ねるベージュのファンデーションの発色がよくなり，結果的にファンデーションを厚く塗り重ねることなく患部を被覆できる。1度で被覆しようとせず，ファンデーション→フェイスパウダーというプロセスを繰り返すことが，不自然にならずに被覆するポイントである。

【事例2】59歳，男性。顔面右および頸部の単純性血管腫。血管腫部は，赤色がかなり強い。

● 事例2のメイクアップ方針
　　　男性の場合，顔全体にファンデーションを塗るのには抵抗があるかもしれないが，患部だけに塗るとかえって違和感があるので，バランスを見ながら全体に塗布していくことが必要である。本来の肌色に近づけるため，ベージュのファンデーションに，濃いめの茶色のファンデーションを混ぜる。口唇の一部と血管腫の境界が不明瞭なため，ファンデーションで輪郭を形どる。

● 使用物品
　　　・スクワランオイル　化粧水　美容液
　　　・カバーリングファンデーションA（黄色とベージュ）　カバーリングファンデーションB（ベージュ）　ハードファンデーション（茶色）　スポンジ1個　細筆
　　　・フェイスパウダー　パウダー用パフ　フェイスブラシ
　　　・口紅　アイシャドー（茶色）

メイク前　メイク後

● 手　順

①スクワランオイルで肌を整える
②血流マッサージを行う

下地　③カバーリングファンデーションA（黄色）にスクワランオイルを加え，スポンジで顔全体に塗布する
④フェイスパウダーを塗布し，払う

ファンデーション第1段階　⑤カバーリングファンデーションA（ベージュ）にハードファンデーション（茶色）を混ぜ，スポンジで患部を中心に顔全体に塗布する
⑥フェイスパウダーを塗布し，払う

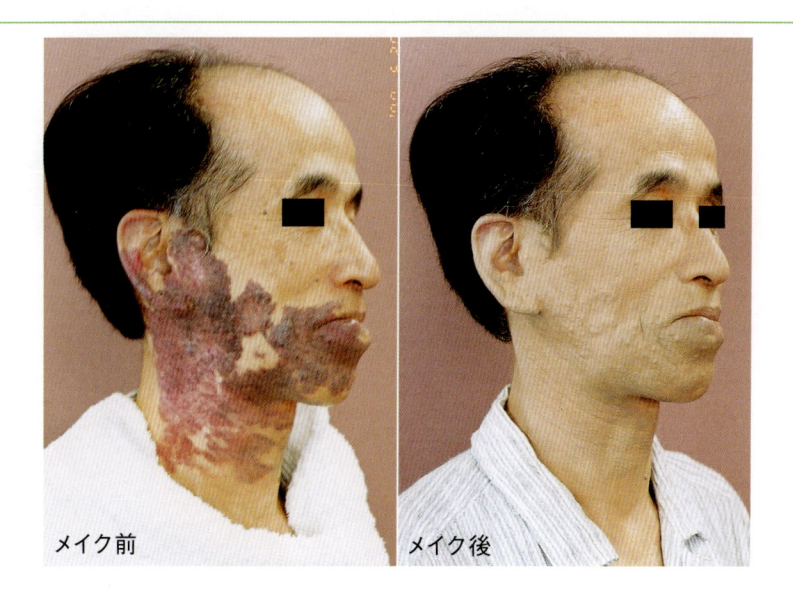

ファンデーション第2段階　⑦患部の被覆のため，部分的にカバーリングファンデーションB（ベージュ）を塗布する
⑧同部にフェイスパウダーを塗布し，払う
⑨⑦と⑧を何度か繰り返す。スポンジで被覆しにくい部分は，細筆を使ってカバーリングファンデーションBを塗布する
⑩ベージュピンク系の口紅にファンデーションとオイルを数滴混ぜ，唇の輪郭を取り，フェイスパウダーを塗布する。右側の口唇を自然に見せるため，茶色のアイシャドーを薄く塗布する

● 結果および本人の変化

最終的に本来の皮膚の質感に近い仕上がりとなり，血管腫との境界も目立たなくなった。本人からも「化粧をしているという違和感がない」と，満足が得られた。帰宅後，患者の母親が患者の顔を見て感涙にむせんだという。本人のみならず患者の家族の痛切な心情を改めて考慮させられた。

事例 3 血管腫（2） 前腕の単純性血管腫

《概　説》
　すでに述べたように，単純性血管腫は一般的に色素レーザーによる治療の適応となる。しかしながらその有効率は50～70％程度であり，また，複数回の照射を要するために，照射後ガーゼなどで被覆する必要がある。したがって本事例のように家事で水仕事をする女性の場合，頻回のレーザー照射ができないので，レーザー治療の補完としてメイクアップを利用することがある。

《メイクの基本方針》
　腕の血管腫の場合，患部が常に本人の視界に入るので，周囲が思う以上に本人の精神的負担となる場合がある。基本的なメイク方針は顔の血管腫と同様であるが，腕の場合，衣服につかず，濡れても落ちないことが重要になる。そのためには，ファンデーションを塗布した後，必ずしっかりとフェイスパウダーを塗布することが効果的である。また，手背側（手の甲）の指の関節のしわの中にもファンデーションを塗りこんでいないと不自然に見える。指を伸ばした状態ではなく，軽く曲げた状態で塗布するとよい。

【事例3】48歳，女性。右腕部の単純性血管腫。皮膚の凹凸は少なく，血管腫の色調も薄い。

● 事例3のメイクアップ方針
　　　　　皮膚の凹凸が少なく，赤みもそれほど濃くないため，普段は黄色のファンデーションを塗布し，上からしっかりフェイスパウダーを塗布するだけで十分と考えた。長袖を着用する場合は，袖から出る部分だけを被覆すればよい。腕は，顔と違って普段スキンケアをしない部分なので，ファンデーションを塗る前に必ずスクワランオイルを塗布して保湿しておく必要がある。

● 使用物品
　・スクワランオイル
　・カバーリングファンデーションA（黄色とベージュ）　スポンジ大1個
　・フェイスパウダー　パウダー用パフ　フェイスブラシ

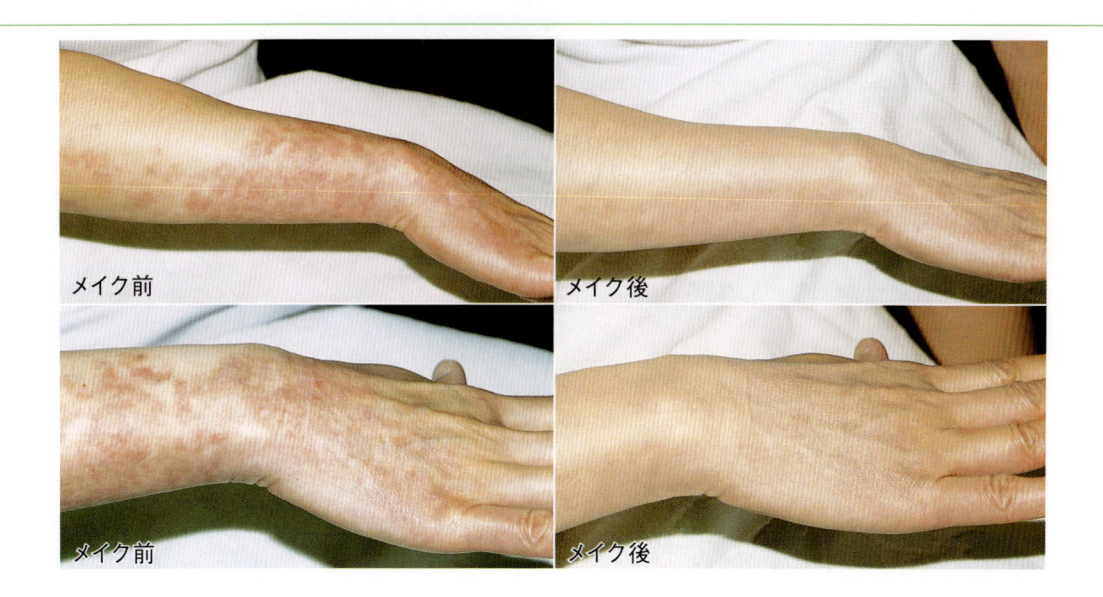

メイク前　　　メイク後
メイク前　　　メイク後

● 手　順

下地
① スクワランオイルで肌を整える
② カバーリングファンデーションA（黄色）にスクワランオイルを加え，大きめのスポンジで塗布する
③ フェイスパウダーを塗布し，払う

ファンデーション
第1段階
④ カバーリングファンデーションA（ベージュ）をスポンジで塗布する
⑤ フェイスパウダーを塗布し，払う

＊患部の色が濃い場合には，④⑤を何度か繰り返す

● 結果および本人の変化

　　　本人から，「腕にファンデーションを塗布するというアイデアに驚き，自然に被覆されたことに感心した。被覆した患部がべたつかず，さらさらしているので，これなら日常生活に支障がない」との感想が得られた。被覆の方法を習得して帰宅した。

事例 4 血管腫（3） 頸部の単純性血管腫

《概　説》
　頸部は皮膚が比較的薄く，かつさまざまな方向へ運動する部位であるため，手術治療が困難な部位の一つである。またレーザー照射後は照射部位を紫外線の被曝から避ける目的からも，メイクアップはまず施行する価値のある方法である。

《メイクの基本方針》
　血管腫の赤みを帯びた皮膚を被覆するためには，顔面と同様，下地に黄色のファンデーションを塗布することが効果的である。この時，患部だけではなく，頸部全体に塗布する。衣服と接触したり汗をかきやすい部位なので，衣服に付着せず，べたべたしないことが肝要である。そのために，ファンデーションを塗布するたびに，必ずフェイスパウダーで押える。

【事例4】45歳，女性。頸部のみに単純性血管腫が見られる。ここ数年で範囲が広がってきている。現在，レーザーによる治療を受けている。

● 事例4のメイクアップ方針
　　　頸部と顔面の皮膚の色調を揃えることを考えてメイクを行う。患部の被覆そのものはそれほど難しい例ではない。重要なのは，頸部と顔面の色のバランスなので，顔面のメイクも同時に行っていく。適切なメイクを顔面に行うことで，患部に視線が向かわない。

● 使用物品
　　・スクワランオイル　化粧水　美容液
　　・カバーリングファンデーションA（黄色とベージュ）　カバーリングファンデーションB（ベージュ）　スポンジ1個
　　・フェイスパウダー　パウダー用パフ　フェイスブラシ

メイク前　　　　メイク後

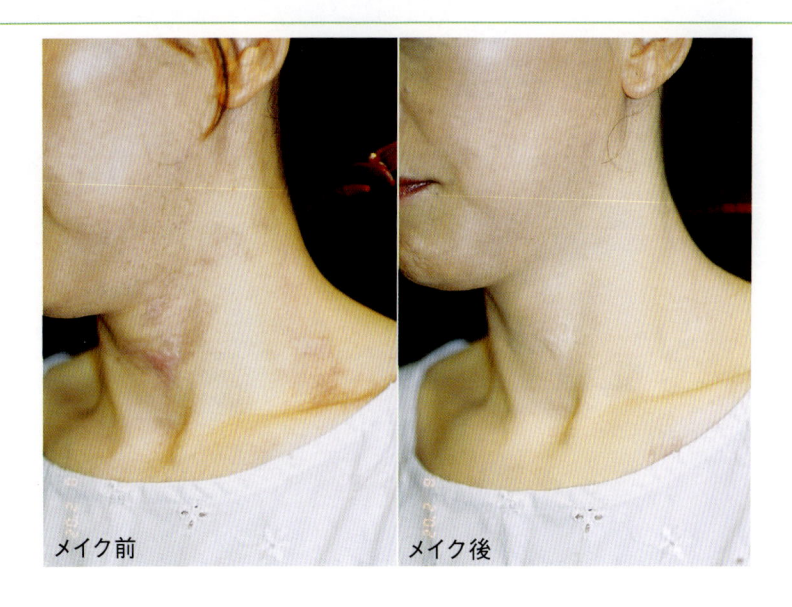

● 手　順

　　　　　①スクワランオイルで顔面および首の肌を整える
　　　　　②顔面に血流マッサージを行う
　下地　③カバーリングファンデーションA（黄色）にスクワランオイルを加え，スポンジ
　　　　　　で顔面および首全体に塗布する
　　　　　④フェイスパウダーを塗布し，払う
ファンデーション　⑤カバーリングファンデーションA（ベージュ）をスポンジによくなじませて顔面
　第1段階　　と頸部に塗布する。上からフェイスパウダーを塗布し，払う
ファンデーション　⑥最も赤みが濃く，⑤までで隠れなかった部分にのみ，スポンジでポンポンと叩く
　第2段階　　ようにしてカバーリングファンデーションB（ベージュ）を塗布する。上からフ
　　　　　　ェイスパウダーを塗布し，払う
　　　　　⑦顔面に通常のメイクを行う

● 結果および本人の変化

　　　　　周囲の視線が首から顔に移っただけではなく，本人もあまり気にならなくなった。
　首の血管腫に悩んで来院したが，患部の被覆よりもむしろ顔がリハビリメイクのア
　ンチエイジング効果で若々しい印象になったことが喜ばれた。

第Ⅴ章　事例　113

事例 5 太田母斑と血管腫（1） 顔面混在例

《概　説》
　太田母斑とは主に東洋人の顔面に出現する青黒い色素斑である。原因は不明である。ルビーレーザーなどによる治療が可能であるが有効率は60％程度である。本事例は太田母斑と単純性血管腫が同一部位に混在している非常に珍しい例である。

《メイクの基本方針》
　太田母斑の青みを帯びた皮膚にも，黄色のファンデーションが有効である。母斑は目の際に存在していることが多いが，細筆などを用いてもれなくファンデーションを塗布することが大切である。まぶたの青みに対しては厚塗りせず，青みを残して反対側のまぶたに青色のアイシャドーを塗布してバランスを取るとよい。母斑が唇にある場合は，ファンデーションを唇にも塗り，フェイスパウダーで押えてから，口紅で輪郭を取る。

【事例5】30歳，女性。太田母斑および血管腫（全身）。温度変化により血管腫の部分が腫脹する。12年前にレーザーおよびドライアイスによる治療を受けている。原理的には2種類のレーザーを照射していくことが考えられるが本人が過去の治療に対して失望しており，これ以上のレーザー照射を今のところ希望していない。

● 事例5のメイクアップ方針
　　　　まず血流マッサージで血行を促し，輪郭のたるみと，瞼のたるみを減少させる。さらに眉を整えることで，見る側の視線を本人のチャームポイントの目元に引きつけるようにする。カバーリングファンデーションのみではこの人の若い肌には重たい質感となってしまうので，基本となるファンデーションは，より軽い質感のモイスチャーファンデーションを混ぜて作る。

● 使用物品
　　・スクワランオイル　化粧水　美容液
　　・カバーリングファンデーションA（黄色とベージュ）　モイスチャーファンデーション　スポンジ1個　細筆
　　・フェイスパウダー　パウダー用パフ　フェイスブラシ
　　・パール　眉ペンシル　アイシャドー（茶色と青色）　アイラインペンシル　マスカラ　頬紅　口紅

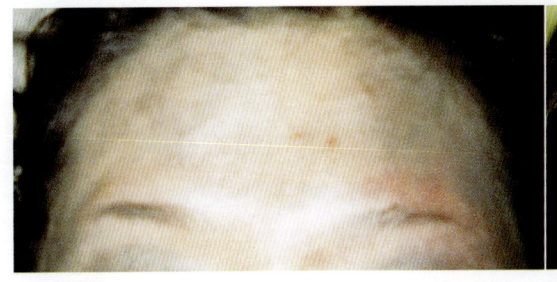

メイク前 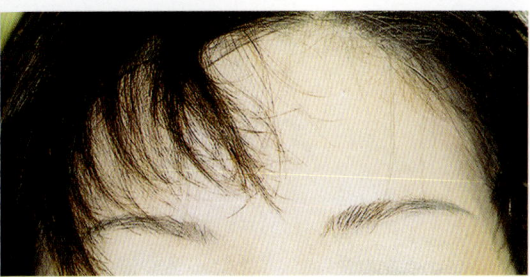　　　　　　　　　　　メイク後

● 手　順
① スクワランオイルで肌を整える
② 血流マッサージを行う
下地　③ カバーリングファンデーションA（黄色）にスクワランオイルを加え，スポンジで顔全体に塗布する
　　　④ フェイスパウダーを塗布し，払う
ファンデーション
第1段階　⑤ カバーリングファンデーションA（ベージュ）とモイスチャーファンデーションを手のひらで混ぜ，顔全体にスポンジで塗布する
　　　⑥ フェイスパウダーを塗布し，払う
ファンデーション
第2段階　⑦ 赤みや青みなど色調の目立つ部分に，カバーリングファンデーションA（ベージュ）を，スポンジでポンポンと叩くようにして塗布する。その上からフェイスパウダーを塗布し，払う
　　　⑧ 細筆にカバーリングファンデーションA（ベージュ）を取り，まぶた（目の際）に塗布し，指で押えてなじませる。上からフェイスパウダーを塗布し，払う
　　　⑨ 額と鼻筋，頬骨の部分にパールを指で塗布し，ファンデーションのついたスポンジでぼかす
⑩ 眉を整えて描き，アイメイクをする。青色のアイシャドーを用いて左右の瞼の色調のバランスをとる
⑪ 頬紅，口紅を塗布する

● 結果および本人の変化
　　最近，以前よりも母斑の色が濃くなってきたように感じ，本人はそのことを気にしていた。12年前に受けたレーザーとドライアイスの治療は辛い思い出となっているため，これ以上の治療がためらわれていた。普段は自分でメイクをしていた。「リハビリメイクは以前より積極的に外出できるきっかけになった」と喜ばれた。

事例 6 太田母斑と血管腫（2）顔面両側例

《概　説》
　本事例は顔面の右半分に単純性血管腫，左半分に太田母斑があり，体幹ではそれが逆転している。過去にレーザー治療を受けているがその効果は不十分であったためリハビリメイクを行った。

《メイクの基本方針》
　太田母斑は青みを帯びた皮膚，血管腫は赤みを帯びた皮膚であるが，メイクを行う際は，この異なる2色をともに被覆し，均一な色調とすることが要求される。それには，黄色のファンデーションを下地として用いることが効果的である。下地の後は，スポンジを滑らせず，ポンポンと叩くようにしてファンデーションをなじませていく。

【事例6】30歳，女性。顔面右が血管腫，左が太田母斑。顔面の反対側（左）の首と腕にも血管腫がある。血管腫に対しては，19歳から28歳の間に顔面3回，首に2回，腕（ひじ下）に3回，レーザー治療を受けている。太田母斑に対しては，19歳の時にドライアイスによる治療を受けている。また，血管腫によって腫れた歯茎にも，レーザー照射を受けている（20歳）。血管腫による皮膚の伸展のために右上口唇がやや下方に押し下げられている。外科的な治療は26歳時に一度受けたが，リハビリメイクによって本人が満足しており，これ以上の外科的な治療を希望していない。

● **使用物品**＜顔面に対して＞
　　・スクワランオイル　化粧水　美容液
　　・カバーリングファンデーションA（黄色とベージュ）　モイスチャーファンデーション　スポンジ1個
　　・パウダー　パウダー用パフ　フェイスブラシ
　　・パール　眉ペンシル　アイシャドー（茶色と青色）　アイラインペンシル　マスカラ　頬紅　口紅

● **事例6のメイクアップ方針**
　　　　血管腫の部分は血流が滞りがちなので，血流マッサージを普段からていねいに行うとよい。顔面だけではなく，腕も手から上腕に向かってマッサージすると有効で

メイク前　　　　　　　メイク後

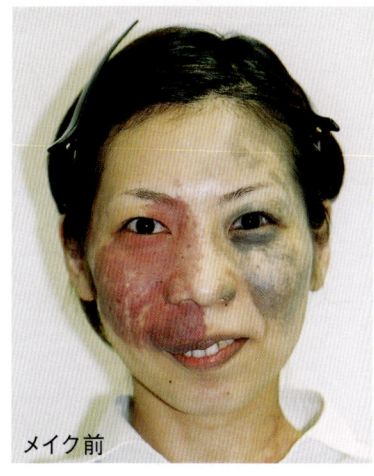

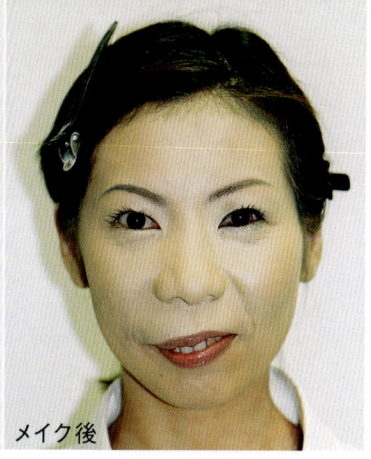

ある．若く，皮膚にも張りがあるので，ファンデーションの厚塗りを避けて自然な質感を優先することが肝要である．肌に凹凸がないため，厚塗りしなくとも十分に患部を被覆することができる．完全に被覆することを目的としてファンデーションを濃くすると，見た目が不自然なだけでなく，本人の精神的負担となる．

● **手順のまとめ**

　　　　　① スクワランオイルで肌を整え，血流マッサージを行う
　下地　② カバーリングファンデーションA（黄色）を全体に塗布する
　　　　　③ フェイスパウダーを塗布し，払う

　　　　　　　　＜顔面右：血管腫部＞　　　　　　＜顔面左：太田母斑部＞

ファンデーション　④ ファンデーションを混ぜる　　　　④ ②③をもういちど繰り返す
第1段階　　　　　⑤ ④のファンデーションを塗布す　　⑤ ファンデーションを混ぜて，塗布
　　　　　　　　　　る（＋フェイスパウダー）．確認　　　する（＋フェイスパウダー）．確認

ファンデーション　⑥ カバーリングファンデーションを塗布する（＋フェイスパウダー）
第2段階　　　　　⑦ パールを塗布する．確認する
　　　　　　　　　⑧ 眉を整えて描く
　　　　　　　　　⑨ アイメイクをする
　　　　　　　　　　頰紅，口紅を塗布する

> わかりやすくするため片顔ずつ進行させる写真を掲載したが，実際には左右同時に進行させる．

第Ⅴ章　事例　117

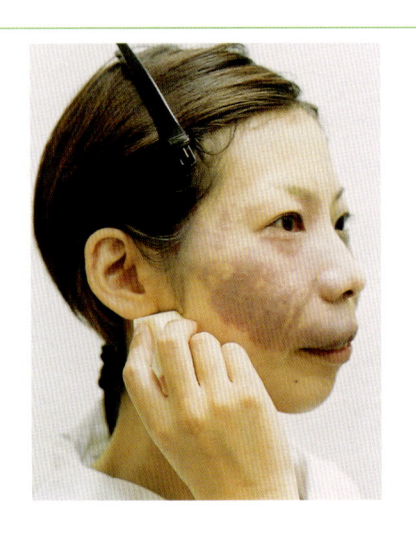

手順①　スクワランオイルで肌を整え，血流マッサージを行う

　洗顔後の濡れたままの皮膚にスクワランオイルを塗布し，タオルで軽く押える。その後，化粧水で水分を補い，さらに美容液・乳液などで油分を与えてから，顔全体に血流マッサージを行う。

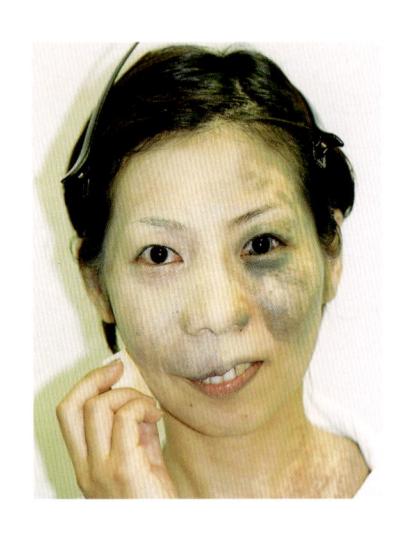

＜顔面右：血管腫部＞

手順②　カバーリングファンデーションA（黄色）を全体に塗布する

　メイク用のスポンジに，カバーリングファンデーションA（黄色）を取り，スクワランオイルを数滴加えて手のひらでよく混ぜ合わせてから，均一に塗布する。塗布は「ファンデーションを塗布する順番と方向」（p93）に準じて行う。

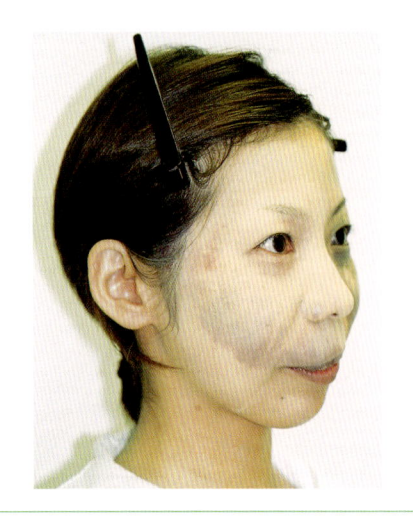

手順③　顔面右：フェイスパウダーを塗布し，払う

　フェイスパウダーをパフに取り，手のひらで揉み込むようにしてパウダーをパフによく含ませる。下から上に向かって押えるようにしながら塗布する。その後，フェイスブラシで払う。

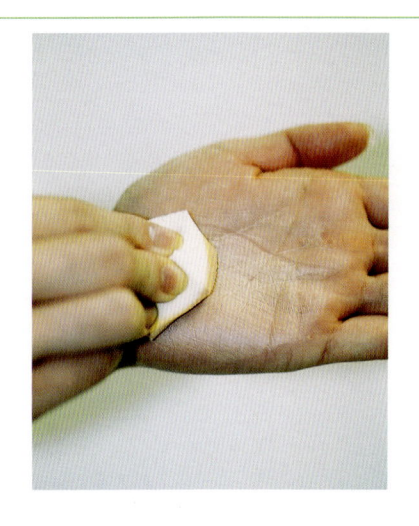

手順④　顔面右：ファンデーションを混ぜる
　カバーリングファンデーションA（ベージュ）をスポンジで手のひらに取り，モイスチャーファンデーションを加えて，よく混ぜる。

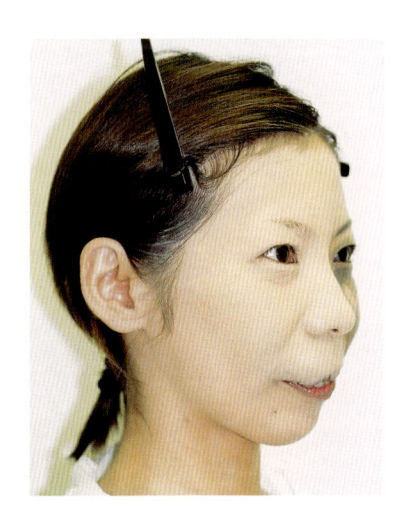

手順⑤　顔面右：ファンデーションを塗布する
　　　　（ファンデーションの第1段階終了）
　手順④でスポンジにとったファンデーションを塗布し，フェイスパウダーを塗布し，払う。患部が目立たなくなっていることを確認する。

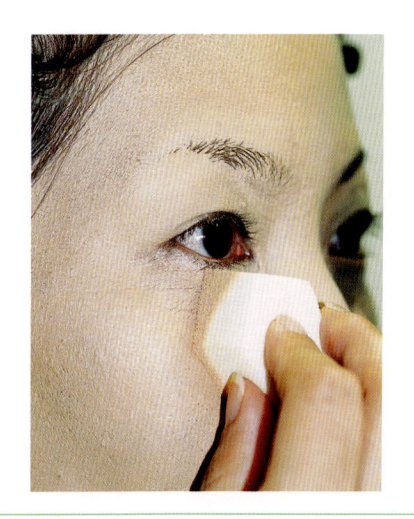

手順⑥　顔面右：カバーリングファンデーションを塗布する
　カバーリングファンデーションA（ベージュ）をスポンジに取り，手のひらでよくなじませてから，患部をポンポンと叩くようにしてカバーする。特に目の際は，ぎりぎりまで塗布する。その後，フェイスパウダーを塗布し，払う。

第Ⅴ章　事例　119

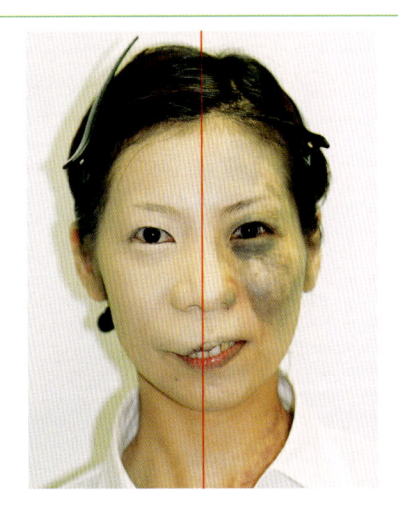

手順⑦　顔面右：パールを塗布する。確認する
　　　　　（ファンデーションの第2段階終了）
　パールを塗布し，ぼかす。患部が目立たなくなっていること，不自然な厚塗りになっているところがないかなどを確認する。

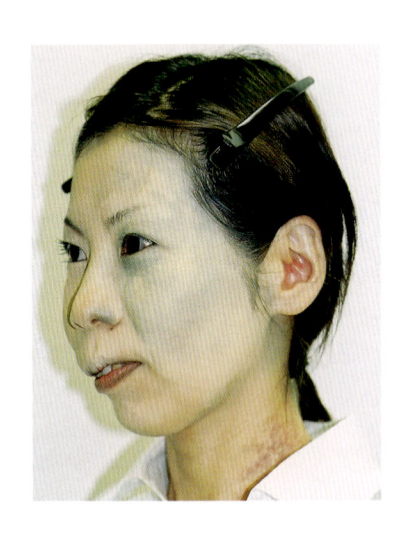

顔面右（向かって左半分）にファンデーションを塗布し終わった状態

＜顔面左：太田母斑部＞
手順②③　カバーリングファンデーションA
　　　　　（黄色）を全体に塗布する
　カバーリングファンデーションA（黄色）にスクワランオイルを数滴加えて手のひらでよく混ぜ合わせてから塗布し，その後，フェイスパウダーを塗布し，払う。

手順④
　②③をもう1回繰り返す（ただし，オイルは1回目のみで十分）。

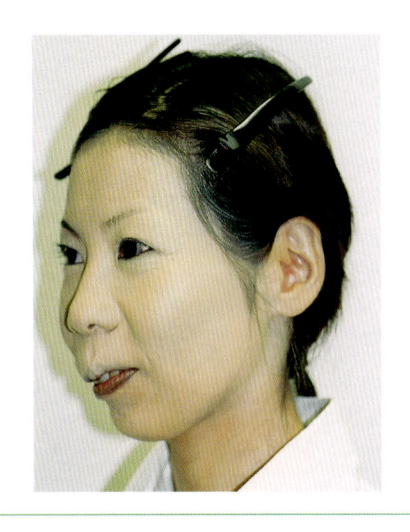

手順⑤　顔面左：ファンデーションを混ぜて，
　　　　　塗布する
　カバーリングファンデーションA（ベージュ）とモイスチャーファンデーションをよく混ぜ，顔面左に塗布する。その後フェイスパウダーを塗布して払う。
手順⑥⑦　被覆しきれない部分にカバーリングファ
　　　　　ンデーションA（ベージュ）を塗布する
　その後，フェイスパウダーを塗布して払う。パールを塗布し，ぼかす。確認する。左半分のファンデーション終了。

120　　事例6：太田母斑と血管腫（2）

手順⑧　両側：眉を整えて描く

　眉の間に入り込んでいるファンデーションを眉用ブラシで取り除き，その後，眉ペンシルで眉を描く。

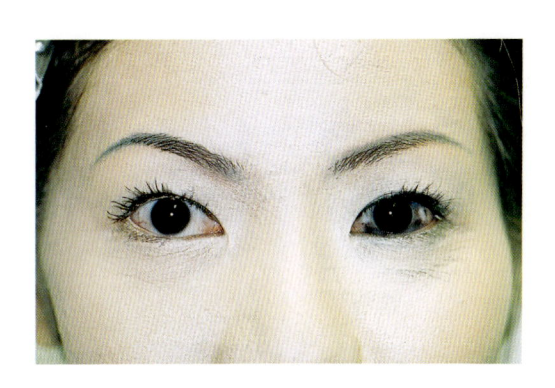

手順⑨　アイメイクをする。頬紅，口紅を塗布する

　アイシャドー，アイラインを入れ，マスカラをつける。左瞼が太田母斑で青みがかっているため，右瞼に青色のアイシャドーを塗布してバランスを取る。その後，頬紅を入れ，口紅を塗布する。

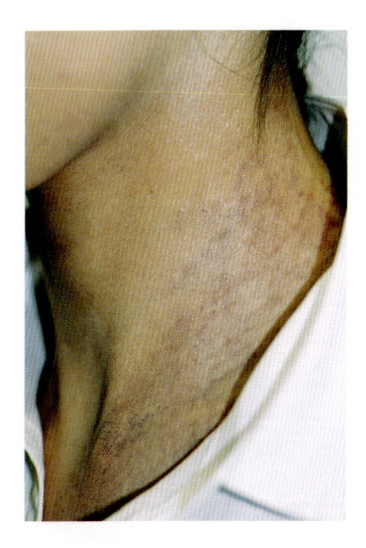

＜首の血管腫部に対して＞

　スクワランオイルで肌を整えた後，ハードファンデーション（黄色）を全体に塗布し，フェイスパウダーを塗布して払う。

　その後，色調の目立つ部分にカバーリングファンデーションA（ベージュ）とミキシングファンデーションをよく混ぜたものを塗布し，フェイスパウダーを塗布し，払う。

ハードファンデーション（黄色）を全体に塗布し，フェイスパウダーを塗布した状態

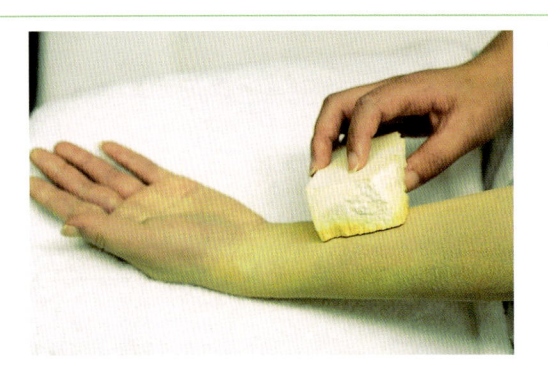

＜腕の血管腫部に対して＞
①患部を水で濡らした上からスクワランオイルを塗布し，タオルで軽く押える。その後，大きめのスポンジでハードファンデーション（黄色）を塗布する。

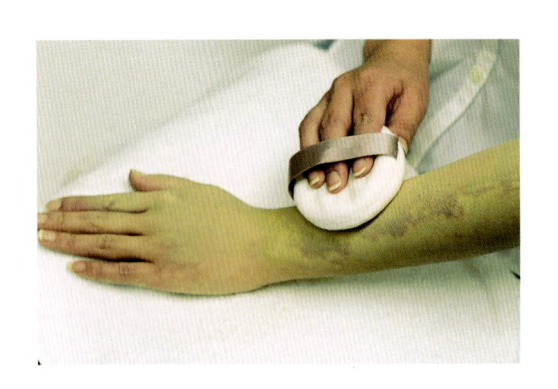

②フェイスパウダーを塗布し，ブラシで払う。さらに重ねてカバーリングファンデーションA（ベージュ）を塗布し，フェイスパウダーを塗布してブラシで払う。これを数回繰り返す。
　手の甲は，指の関節を曲げた状態で塗布するようにすると，しわの部分が不自然にならない。

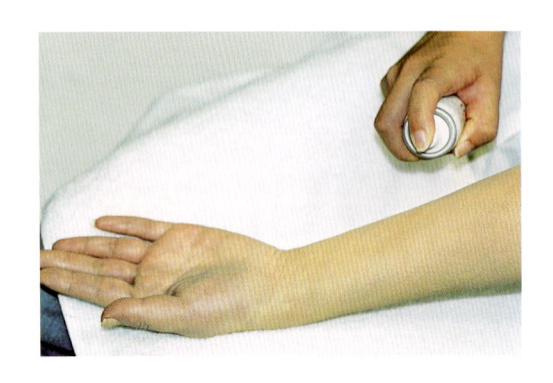

③ファンデーションを塗布した部分に，水をスプレーする。

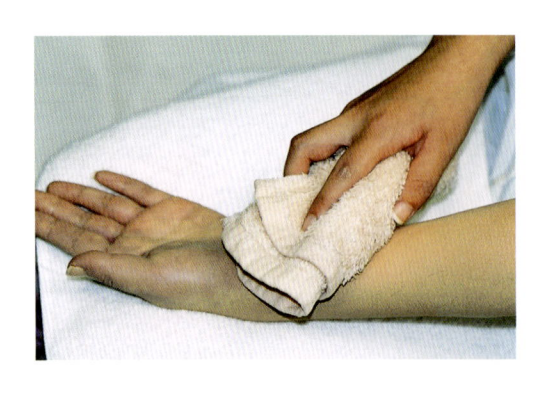

④タオルで押さえて水分をとる。こうすることで，ファンデーションを肌に自然になじませることができる。

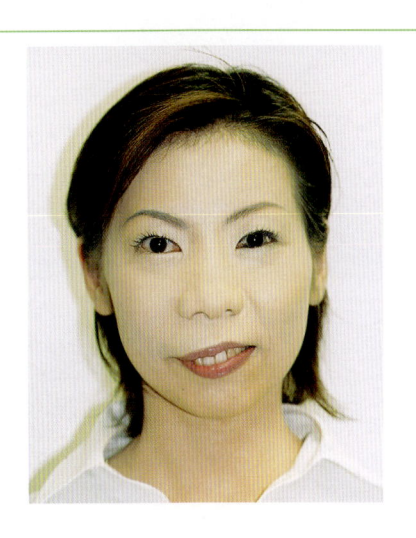

<完 成>
　血管腫の赤みを帯びた皮膚，太田母斑の青みを帯びた皮膚がともに被覆され，均一な肌の色調となっている。太田母斑の青みがまぶたにあるが，厚塗りすると不自然になってしまう部位であるため，あえて青みを残し，反対側のまぶたに青色のアイシャドーを塗布してバランスを取った。首と腕にも血管腫が見られたため，生活上の負担を軽減させる目的で被覆した。

<本人のコメント>
◆満足している点
　いかにも「厚塗りして隠した」という感じにならず，しかも患部がきちんと隠れていることに驚きました。これまで，かなり厚塗りをしないと隠れないと思っていましたが，下地に黄色のファンデーションを塗布することによって，厚塗りしなくても自然な感じで隠れることがわかりました。また，肌がさらっとしていてべたべたせず，化粧くずれしないこともありがたいです。また，眉をきれいに整えてもらったのが嬉しかった。眉だけで，ずいぶん印象が変わることがわかりました。

◆生活や心の変化
　短時間でここまできれいになれるメイクアップテクニックがあるとは，これまで思わなかったです。実際に体験してみて，これなら自分でもできるようになるかもしれないと思い，練習して身につけようという気持ちになりました。

事例6：特に変化のあった部分

▼右頬〜唇の血管腫部

　血管腫の赤みを帯びた皮膚は，下地に黄色のファンデーションを使うことで，それほど厚塗りしなくても被覆することができる。ファンデーションを重ねていく際には，そのつどフェイスパウダーをしっかりと塗布することが大切となる。唇は，ファンデーションとフェイスパウダーを塗布した上から口紅で輪郭を取った。

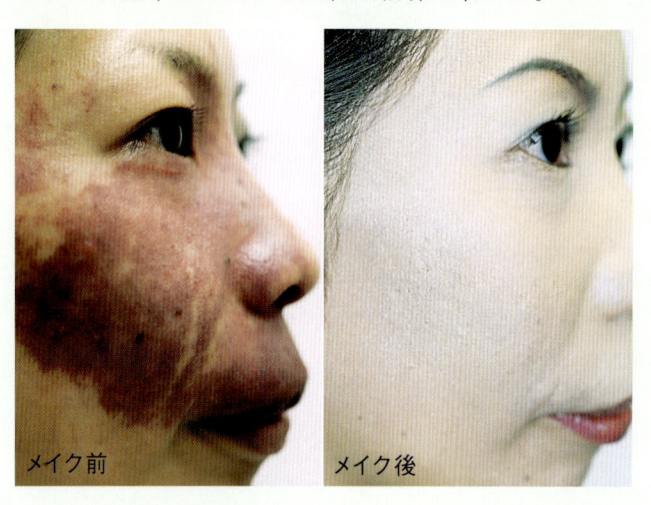

メイク前　　メイク後

▼首の血管腫部

　首の血管腫は色調がそれほど濃くないため，黄色のハードファンデーションを塗った上からカバーリングファンデーションＡ（ベージュ）を重ねることで，自然に被覆された。ファンデーションを重ねる際，そのつどフェイスパウダーをしっかり塗布することで，衣服に接触しても付着しない，さらっとした仕上がりになる。

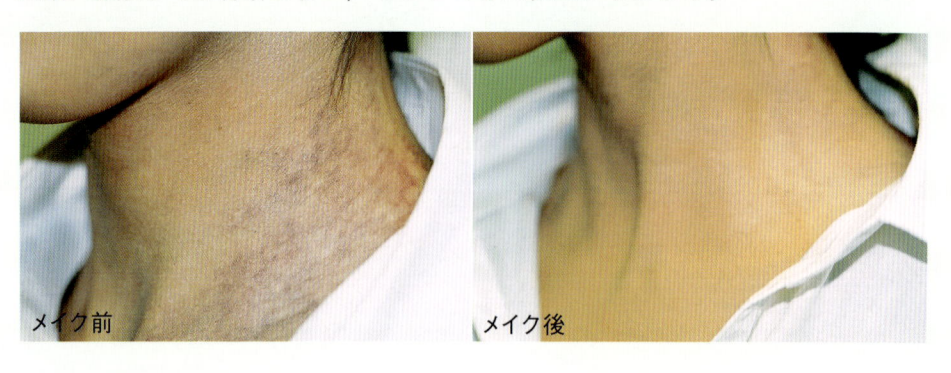

メイク前　　メイク後

▼**左目〜頬〜生え際の太田母斑部**

　太田母斑の青みを帯びた皮膚に対しても，黄色のファンデーションが有効である。太田母斑は目の周囲で色調が濃くなる場合が多いが，皮膚が薄い部位であるため，ファンデーションを塗り重ねることには限度がある。そこでまぶたの青みをあえて残し，反対側のまぶたには青色のアイシャドーを塗布してバランスを取った。

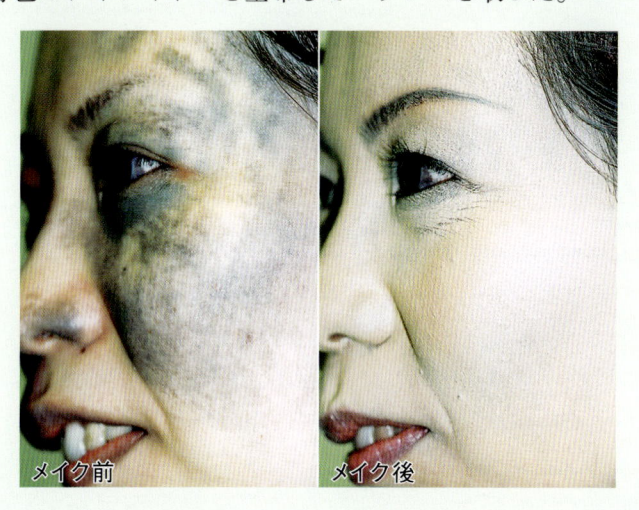

▼**腕の血管腫部**

　血管腫の色が濃いので，被覆力の強いハードファンデーション（黄色）を下地として用い，フェイスパウダーで押え，その上からカバーリングファンデーションA（ベージュ）を塗り重ねることで被覆した。首の部分と同様，フェイスパウダーをしっかりと塗布することで，衣服等に付着しないさらっとした仕上がりとなる。

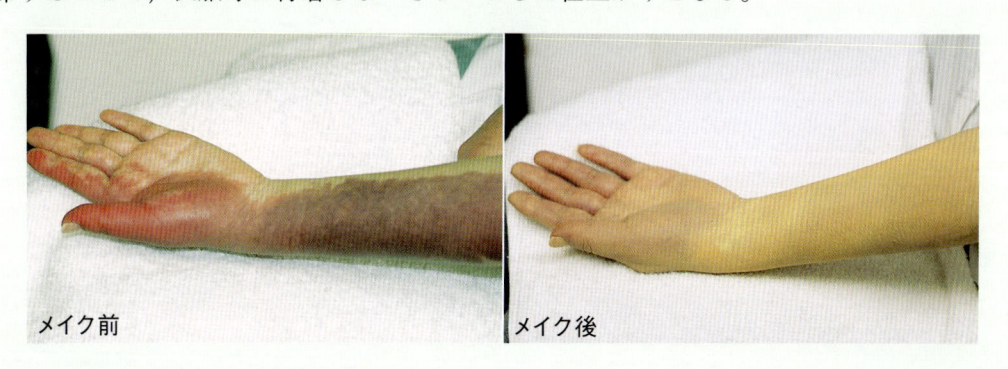

事例7 創痕（1） 手術瘢痕，顔面多発外傷後手術瘢痕

《概 説》
　交通事故により生死をさまようほどの外傷を受傷すると，たとえ顔面であろうと時間をかけて丁寧に縫合する時間的余裕が許されないために，縫合糸による瘢痕が存在している。このような外傷や手術後の瘢痕は時間の経過とともに改善するが，形成外科的には瘢痕が安定するまでの間（約半年程度）は形成術を施行しないのが普通であるため，その間にリハビリメイクが有効である。

《メイクの基本方針》
　顔面の中心部など目立つ部位に手術創痕があり，皮膚表面の凹凸のために通常のメイクでは被覆が困難な場合，褥瘡用のテープを用いることがある。まだ試験的な段階であり効果的な使用法を模索中であるが，褥瘡用のテープは，上からファンデーションを塗布することができる，薄いため本人の負担が少ない，長時間連続して使用できるなどの利点がある。テープのない場合は，ファンデーションの塗布に細筆を用いて凹部に塗布する。

【事例7】22歳，女性。交通事故による手術瘢痕（術後約50日）。顔面中心部（眉間），および首に瘢痕がある。義眼（右）のため，左右の目の高さに差が生じている。

● 事例7のメイクアップ方針
　　　　顔の中心部（眉間）の傷は，皮膚表面上の凹凸が大きくファンデーションで被覆することが難しいため，患部に褥瘡用テープを貼り，その上からファンデーションを塗布した。その際，丸みをつけてテープをカットすることが，より自然に見えるポイントである。左右の目の高さの違いは，眉の高さを揃え，下がっている方の目にアイラインを太めに入れることで目立たなくなる。

● 使用物品
　　・スクワランオイル　化粧水　美容液
　　・乳液状ファンデーション　モイスチャーファンデーション　ミキシングファンデーション　カバーリングファンデーションA（ベージュ）　スポンジ1個　細筆
　　・フェイスパウダー　パウダー用パフ　フェイスブラシ
　　・褥瘡用テープ

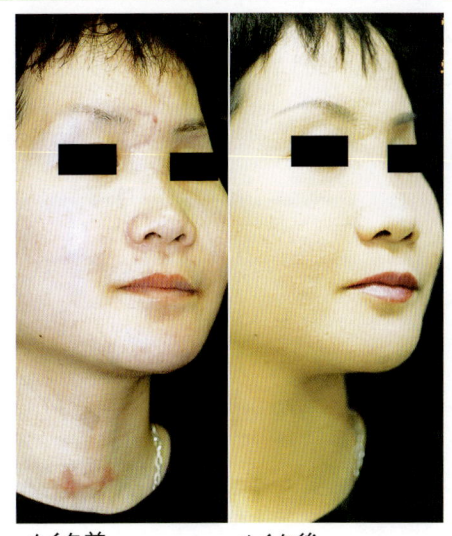

|メイク前|メイク後|メイク前|メイク後|

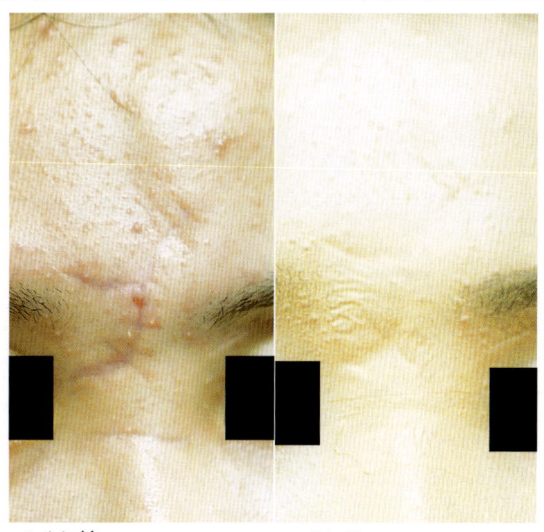

・パール　眉ペンシル　アイシャドー（茶色）　アイラインペンシル　マスカラ
頬紅　口紅

●手　順

①スクワランオイルで肌を整える
②血流マッサージを行う
③顔面中央の傷に褥瘡用テープを貼る

下地　④乳液状ファンデーションを顔全体に塗布し，スポンジでなじませる

ファンデーション第1段階
⑤モイスチャーファンデーションとミキシングファンデーションを混ぜ，顔全体に塗布する
⑥フェイスパウダーを塗布し，払う

ファンデーション第2段階
⑦カバーリングファンデーションA（ベージュ）で患部を被覆する。テープがない場合は，細筆を用いて陥凹部分に塗布する。上からフェイスパウダーを塗布し，払う。額，鼻筋，頬骨にパールを指で塗布し，ファンデーションのついたスポンジでぼかす

⑧眉を整えて描く。この時，左右の眉の高さを揃える
⑨アイメイクをする。この時，アイラインで目の高さ，大きさを揃える
⑩頬紅，口紅を塗布する

●結果および本人の変化

「リハビリメイクを通して私は自信をもらった。自分自身をあきらめず，一歩社会に出て頑張れそうかなと生きる希望と勇気をもらった」という感想が得られた。

事例 8 創痕（2） 単純性血管腫，レーザー照射後の瘢痕

《概　説》
　単純性血管腫や太田母斑などに対するレーザー治療の合併症として，レーザー照射による瘢痕形成や脱色素斑（色が抜けてしまうこと），不均一な色調などが生じることがある。またレーザー出現以前には太田母斑に対して雪状炭酸療法（ドライアイス圧抵法）が広く行われたが，この治療法も瘢痕を形成することがあった。これらの治療による瘢痕の特徴は形が不整で隆起の程度は軽度であり，正常皮膚と瘢痕が混在していることであり，瘢痕だけを外科的に治療することが困難な場合が多く，リハビリメイクの良い適応である。

《メイクの基本方針》
　色調はファンデーションによって被覆できるが，細かい不定形な凹凸については，ファンデーションが乱反射するため，患者本人の満足を得ることが難しい。こうした場合は患部に集中するのではなく，眉，目元など，顔の他の部位に適切なメイクを行うことで視線を移すことが有効である。ファンデーションで被覆する際は，患部の色調を，顔の本来の色調や頸部の皮膚と合わせるように注意する。

【事例8】34歳，女性。7歳時，血管腫に対して行われたレーザー治療後の瘢痕で，皮膚表面上に凹凸が見られる。最も気になっているのは，患部の凹凸だという。将来的に皮弁移植術を受けることも考えている。

● 事例8のメイクアップ方針
　凹凸の少ない赤みを帯びた皮膚は，ファンデーションで違和感なく被覆することできる。患部は口の周りの皮膚の薄い部分なので，凹凸をカバーしようと厚塗りすると不自然に見える。そのため，完全に被覆することに専心せず，眉を整えて目元に適切なメイクを行うことによって，視線を顔の上部（口元から目元）へ移す。本症例のように皮膚に凹凸が多い場合は，一度塗布したファンデーションをスポンジで軽く落としてから改めて塗布する，という過程を何度か繰り返すと，より自然に被覆でき，化粧くずれも少ない。

● 使用物品
　・スクワランオイル　化粧水　美容液

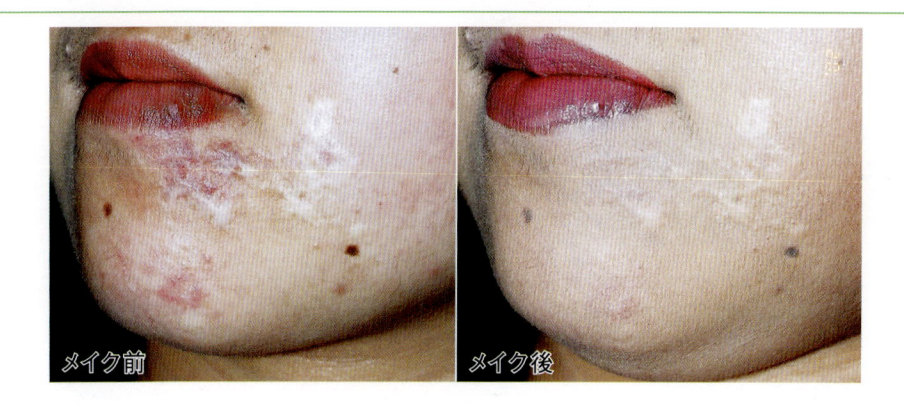

・乳液状ファンデーション　モイスチャーファンデーション　ミキシングファンデーション　カバーリングファンデーションA（ベージュ）　スポンジ1個
・フェイスパウダー　パウダー用パフ　フェイスブラシ
・パール　眉ペンシル　アイシャドー（茶色）　アイラインペンシル　マスカラ　頬紅　口紅

●手　順

①スクワランオイルで肌を整える
②血流マッサージを行う

下地　③乳液状ファンデーションを顔全体に塗布し，スポンジでなじませる

ファンデーション第1段階
④モイスチャーファンデーションとミキシングファンデーションを混ぜ，顔全体に塗布する
⑤フェイスパウダーを塗布し，払う

ファンデーション第2段階
⑥カバーリングファンデーションA（ベージュ）とモイスチャーファンデーションを混ぜて患部を被覆する。フェイスパウダーを塗布し，払う
⑦被覆した部分を，水で固く絞ったスポンジ（ファンデーションのついていない面）で軽くふき取る
⑧ファンデーション，フェイスパウダーの塗布とふき取りを何度か繰り返す
⑨額，鼻筋，頬骨にパールを指で塗布し，ファンデーションのついたスポンジでぼかす

⑩眉を整えて描き，アイメイクをする
⑪頬紅，口紅を塗布する

●結果および本人の変化

皮膚の色調の違いに関しては，メイクで解決することが本人に理解された。皮膚表面上の凹凸をどう目立たなくするかが，これからの治療の希望を決めるポイントであることがはっきりと自覚された。顔のぽっちゃりとした印象が，血流マッサージとリハビリメイクによってすっきりとした印象に変化したことが喜ばれた。

事例9 尋常性ざ瘡，ざ瘡後瘢痕

《概　説》
　にきびのことを医学的には尋常性ざ瘡と言う。原因は皮脂腺の機能亢進と皮脂腺排出管の異常角化亢進などにより皮脂の貯留が起こり，そこにいわゆるニキビ菌（propionibacterium acnes）が作用して局所に異物反応が起こるものである。抗生物質やビタミン剤の内服や外用，ケミカルピーリングなどで治療をする。一般的ににきび痕と呼ばれる状態には二つの病態があり一つは炎症後の色素沈着であり，もう一つは陥凹性瘢痕（いわゆる"あばた"）である。この両者は区別して考えなくてはならない。前者はリハビリメイクの，後者は形成外科，美容外科的治療の適応である。

《メイクの基本方針》
　にきび・にきび痕はメイクを行うと症状が悪化することがあるので，患部を被覆しながらも，さらっとした質感に仕上げることが重要である。また，化粧くずれしやすいため，フェイスパウダーをしっかりと塗布して防ぐ。にきびのある皮膚にメイクは適さないという考え方もあるが，きれいになった自分の肌を見て本人の精神的ストレスが軽減し，快方に向かう例も多い。本人がにきびを指で刺激して悪化させることも多いが，患部を被覆し気にならなくすることで，刺激を止めるようになる例もある。

【事例9】19歳，女性。顎，頬の下部ににきび痕があり，皮膚表面に凹凸も認められる。

● 事例9のメイクアップ方針
　年齢が若く，また皮脂の分泌がさかんないわゆる"にきび肌"なので，油分が少なくさらっとした感触のハードファンデーションを使用する。スポーツで日焼けしているので，茶色のファンデーションを混ぜて白浮きしない若々しい肌づくりを心がける。年齢的にメイク経験が少なく，にきびだけに気持ちが集中してストレスになっているので，眉や目に適切なメイクを行い，メイクで印象が大きく変わることを本人に理解させることも肝要である。

● 使用物品
・スクワランオイル　化粧水　美容液
・乳液状ファンデーション　モイスチャーファンデーション　ハードファンデーシ

|メイク前|メイク後|

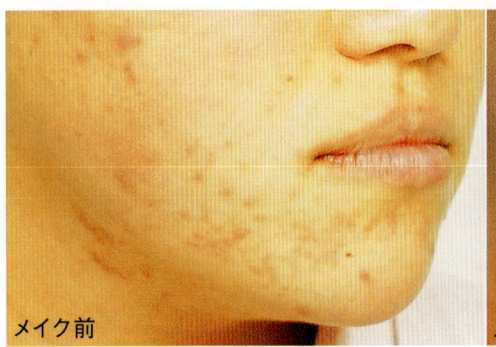

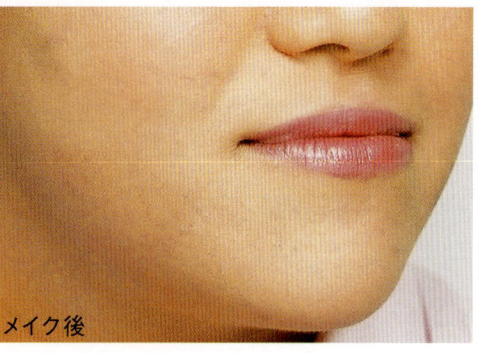

　　　ョン（黄色と茶色）　カバーリングファンデーションA（ベージュ）　スポンジ1個　細筆
・フェイスパウダー　パウダー用パフ　フェイスブラシ
・パール　眉ペンシル　アイシャドー（茶色）　アイラインペンシル　マスカラ　頬紅　口紅

● 手　順

①スクワランオイルで肌を整える
②血流マッサージを行う
下地　③乳液状ファンデーションを顔全体に塗布する
ファンデーション第1段階　④モイスチャーファンデーションとハードファンデーション（黄色と茶色）を混ぜ、顔全体に塗布する
⑤フェイスパウダーを塗布し、払う
ファンデーション第2段階　⑥カバーリングファンデーションA（ベージュ）で患部を被覆する。皮膚の凹凸が目立つ部分には、細筆を用いて塗布し、指でなじませる。フェイスパウダーを塗布し、払う（塗布の方法は、p129手順⑦⑧を参照）
⑦額、鼻筋、頬骨にパールを指で塗布し、ファンデーションのついたスポンジでぼかす
⑧眉を整えて描き、アイメイクをする
⑨頬紅、口紅を塗布する

● 結果および本人の変化

　　　本人から、「眉や目元のメイクにも興味があったが、やり方がわからず、自己流で行って満足できずにいた。今回、患部が目立たなくなったことだけではなく、眉や目元を整えてもらったことが嬉しかった。ちょっとしたことで印象が変わることがわかった」という感想が得られた。表情が明るくなった。

事例 10　肝　斑

《概　説》
　肝斑とは主に30歳以降の女性の前額や頬骨部に左右対称性に生じる淡褐色の色素斑である。詳細な原因は不明であるが，ある種のホルモンや薬剤（経口避妊薬など）の関与が知られている。妊娠によって起こるものもある。治療はトラネキサム酸の内服やビタミンCの内服や外用，ケミカルピーリング，イオントフォレーシス，フォトフェイシャルなどであり，レーザーは無効であるばかりか増悪させてしまうため禁忌とされている。以上の方法で色素斑が軽快することはあるが，一般的に治療は困難であり，リハビリメイクのよい適応となる。

《メイクの基本方針》
　肝斑が現れる頬の高いところ（頬骨付近）は，ファンデーションをしっかりと塗り重ねても厚化粧に見えることがなく，また，化粧くずれもしにくい部位である。したがって，肝斑そのものの被覆はそれほど難しくない。しかし，本人にとっては顔の老化とともに肝斑もより気になってくる。血流マッサージで顔のたるみを解消し，また，眉・目元などに適切なメイクを行うことによって顔を若々しい印象にすることで，患者本人の満足度が高くなる。

【事例10】51歳，女性。頬骨付近を中心に，両頬に肝斑が見られる。

● 事例10のメイクアップ方針
　　　　肝斑自体は，ベースに黄色のファンデーションを使用し，被覆力の強いファンデーションを患部に部分的に塗布することによって，ほぼ完全に被覆することが可能である。パールを用いて肌に艶と立体感を出すと効果的である。

● 使用物品
・スクワランオイル　化粧水　美容液
・モイスチャーファンデーション　カバーリングファンデーションA（黄色とベージュ）　カバーリングファンデーションB（ベージュ）　スポンジ1個
・フェイスパウダー　パウダー用パフ　フェイスブラシ
・パール　眉ペンシル　アイシャドー（茶色）　アイラインペンシル　マスカラ　頬紅　口紅

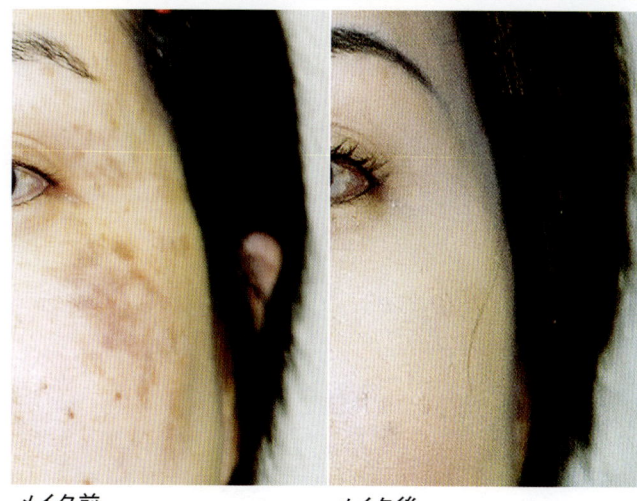

メイク前　　　　　　メイク後

●手　順

①スクワランオイルで肌を整える
②血流マッサージを行う

下地　③カバーリングファンデーションA（黄色）にスクワランオイルを数滴加え，スポンジで顔全体に塗布する
④フェイスパウダーを塗布し，払う

ファンデーション第1段階　⑤モイスチャーファンデーションとカバーリングファンデーションA（ベージュ）を混ぜ，顔全体に塗布する
⑥フェイスパウダーを塗布し，払う

ファンデーション第2段階　⑦カバーリングファンデーションA（ベージュ）で患部を被覆する。色調の違いが目立つ部分には，より被覆力の高いカバーリングファンデーションBを用いる
⑧ファンデーションを塗布した部分にフェイスパウダーを塗布し，払う
⑨カバーリングファンデーションとパウダーの塗布を2〜3回繰り返す
⑩額，鼻筋，頬骨にパールを指で塗布し，ファンデーションのついたスポンジでぼかす

⑪眉を整えて描き，アイメイクをする
⑫頬紅，口紅を塗布する

●結果および本人の変化

患部が自然に被覆できたことに驚き，表情が明るくなった。また，本人から「顔全体が若々しくなり，垢抜けた雰囲気になった」と大変喜ばれた。

事例 11 膠原病（1） 混合性結合組織病

《概　説》
　通常生体は外来の敵（異物や細菌など）に対して抗体というタンパク質を産生し攻撃する能力（これを免疫と呼ぶ）が備えられているが，何らかの理由により外来の敵ではなく全身の結合織という組織に対して攻撃（炎症反応）が起こっている病態を総括して膠原病と呼ぶ。一つの病気ではなく進行性全身性硬化症（PSS），皮膚筋炎（DM），エリテマトーデス（LE），関節リウマチ（RA）など多くの疾患がそれに含まれ，また本事例のようにそれらが混在して発症するものもある。症状は多彩であるが皮膚が硬化したり頬部や眼瞼の皮膚に特徴的な色素性病変が現れることがある。これらは医学的に治療が困難であるので，リハビリメイクを勧めるとよい。

《メイクの基本方針》
　いわゆるムーンフェイスが起こったのち，むくみが取れて顔全体が老化する場合がある。特に目元や頬が落ちくぼみ，全体にやつれた感じに見えることが多い。まず血流マッサージで皮膚に張りを持たせて，目の下のくまやくすみを解消することが重要である。さらに，目元や唇にポイントを置き，華やかな印象を作り出して老化ややつれをカバーすると効果的である。

【事例11】42歳，女性。38歳で発病し，エリテマトーデス，皮膚筋炎等を含むさまざまな疾患を同時に発症する混合性結合組織病と診断される。以来，ステロイド剤の投与を受け，現在に至る。

● 事例11のメイクアップ方針
　　顔全体の老化とやつれた印象を改善するため，血流マッサージをていねいに行い，ファンデーションで艶のある皮膚を作るようにする。特に，目元が落ちくぼみ，目の表情にやつれがあらわれているので，目の周りの血流マッサージを念入りに行う。眉を整え，はつらつとした印象にする。突出して見える目の表情を落ち着かせるには，上側のアイラインを濃く入れることが有効である。また，ふっくらとした印象を与えるため，口紅は，口唇よりやや大きめに，丸く形取るように塗布する。

● 使用物品
　　・スクワランオイル　化粧水　美容液
　　・乳液状ファンデーション　モイスチャーファンデーション　ミキシングファンデー

メイク前　メイク後

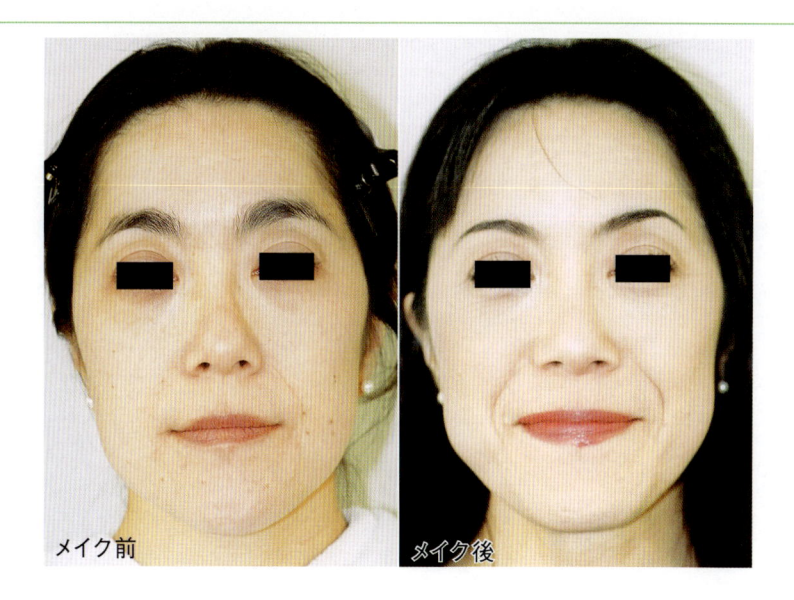

　　　　ション　カバーリングファンデーションA（ベージュ）　スポンジ1個
・フェイスパウダー　パウダー用パフ　フェイスブラシ
・パール　眉ペンシル　アイシャドー（茶色）　アイラインペンシル　マスカラ
　頬紅　口紅

●手　順

①スクワランオイルで肌を整える
②血流マッサージを行う。目の周りを特にていねいに行う

下地　③乳液状ファンデーションを顔全体に塗布しスポンジでなじませる

ファンデーション第1段階
④モイスチャーファンデーションとミキシングファンデーションを混ぜ，顔全体に塗布する。目の周囲のくすみは，ファンデーションで色を均一に塗布することで解消する
⑤フェイスパウダーを塗布し，払う

ファンデーション第2段階
⑥頬骨付近にカバーリングファンデーションA（ベージュ）を塗布する。フェイスパウダーを塗布し，払う
⑦額，鼻筋，頬骨にパールを指で塗布し，ファンデーションのついたスポンジでぼかす

⑧眉を整えて描き，アイメイクをする。アイラインを必ず入れる
⑨頬紅を塗布する。口紅は大きめに，丸く形取って塗布する

●結果および本人の変化

　　　リハビリメイクを終えて帰宅した顔を見て，夫が非常に喜んだという。きれいになったからというよりも，元気な顔になったからだという。家族が安心する顔を作ることで，本人の精神状態も安定し「このような方法があると知って精神的に楽になった」との感想が得られた。

事例 12 膠原病（2） 深在性エリテマトーデス

《概　説》
　エリテマトーデスには慢性円板状エリテマトーデス（DLE）と全身性エリテマトーデス（SLE）などいくつかの型があり，この症例は深在性エリテマトーデスというタイプである。皮膚の陥凹，萎縮が認められる。この病態は再燃する可能性があること，ステロイド剤を内服していることが多いため，外科的な治療は困難である。

《メイクの基本方針》
　陥没したような頬部に対して，血流マッサージによって張りを持たせ，ファンデーションを塗布する際の方向性によってふっくら見せることがある程度は可能であるが，メイクによるカバーには限界がある。こうした場合には，眉や目元に適切なメイクを行うことによって患部から視線をそらし，顔全体を明るく元気な雰囲気に見せることが重要である。

【事例12】44歳，女性。9年前より深在性エリテマトーデスで皮膚科に通院している。ステロイド注射，免疫抑制剤の副作用で頬部に陥没が生じた。現在はステロイド剤の外用のみによる治療を受けている。

● 事例 12 のメイクアップ方針
　　　　　頬部の陥没は，血流マッサージおよびファンデーションの塗り方でカバーするが，限界があるため，目元，口元にポイントを持ってくることで視線をそらす。具体的には，下がり気味になっている眉，目尻，口角をメイクで上向きにして全体の印象を明るくする。また，目の下にパール（黄色）を塗布することで，頬に張りがあるように見せることができる。

● 使用物品
　　　・スクワランオイル　化粧水　美容液
　　　・乳液状ファンデーション　モイスチャーファンデーション　ミキシングファンデーション　カバーリングファンデーションA（ベージュ）　スポンジ1個
　　　・フェイスパウダー　パウダー用パフ　フェイスブラシ
　　　・パール（白色と黄色）　眉ペンシル
　　　　アイシャドー（茶色）　アイラインペンシル　マスカラ　頬紅　口紅

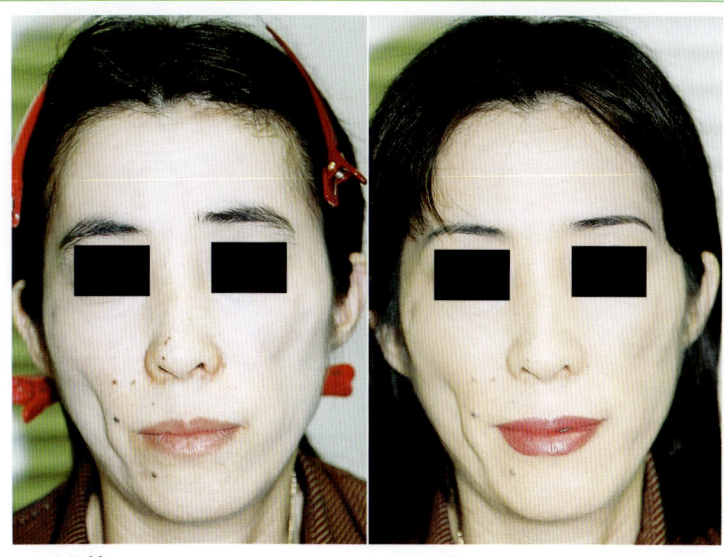

メイク前　　　　　　　　メイク後

● 手　順
　　　　　①スクワランオイルで肌を整える
　　　　　②血流マッサージを行う
　下地　③乳液状ファンデーションを顔全体に塗布しスポンジでなじませる
ファンデーション　④モイスチャーファンデーションとミキシングファンデーションを混ぜ，顔全体に
　第1段階　　塗布する
　　　　　⑤フェイスパウダーを塗布し，払う
ファンデーション　⑥頬骨付近にカバーリングファンデーションA（ベージュ）を塗布する。フェイス
　第2段階　　パウダーを塗布し，払う
　　　　　⑦額，鼻筋，頬骨にパールを指で塗布し，ファンデーションのついたスポンジでぼ
　　　　　　かす
　　　　　⑧眉を整えて描く。アイメイクをする
　　　　　⑨頬紅，口紅を塗布する
　　　　　⑩目の下にパール（黄色）をチークブラシで塗布する

● 結果および本人の変化
　　　　「表情が明るくなったのが自分でもよくわかって嬉しい。リハビリメイクの技術が
　　もっと広まり，病気による顔のやつれに悩んでいる人達に普及するとよいと思う」
　　という感想が得られた。

索引

A to Z

DSM-IV　18
ICD-10　19
O/W　78
QOL　25, 36, 39, 40, 48
Z形成術　62

あ

アイメイク　96
あざ　44
アトピー性皮膚炎　70
アレルギー　11
按摩　71
医療機関　49
太田母斑　63, 114, 116
オーダーメイド　42, 88
オープンハートの会　36, 37

か

外観　39, 47, 48
介入　35
解剖学用語　67
カウンセラー　29, 42
カウンセリング　24, 29, 35, 42
顔のとらえ方　90
隠す　5, 41, 48
カタルシス　32, 42
カバーリングファンデーション　88, 94
カモフラージュ　39, 52
カモフラージュセラピー　5
カモフラージュメイク　53
癌　45
眼瞼下垂　65
肝斑　132
顔面神経麻痺　64
顔面の神経　73
基本のメイクアップ　90
逆転移　36
共感　32
強迫行動　16
クオリティ・オブ・ライフ（QOL）　25, 36, 39, 40, 48
クリーム　81
グループアプローチ　24, 26, 27, 32
クレンジングクリーム　78
クレンジングジェル　78
クレンジングローション　78
ケア　41, 48
形成外科（学）　6, 8, 43, 52, 59
化粧水　79
化粧品　77
血液　71
血管腫　64, 108, 110, 112, 114, 116
血流マッサージ　45, 46, 86
ケミカルピーリング　66
ケロイド　61
口蓋裂　63
膠原病　45, 70, 134, 136
香粧品　77
口唇裂　63
個性　42
個別アプローチ　32
個別カウンセリング　29
コミュニケーション　32

さ

再建外科　60

三叉神経　74
歯科　43
色素性母斑　64
下地　89
指定表示成分　77
指導　42, 47
社会復帰　9, 40, 44
醜形恐怖　15, 17, 19, 20, 27, 30, 32, 45
重瞼術　65
受容　32, 39, 40, 42, 44, 48
静脈　46, 69, 72
植皮　62
尋常性ざ瘡　66, 130
身体醜形恐怖　15, 17, 19, 20, 27, 30, 32, 45
身体部位の名称　67
真皮　69
性格異常　70
生活・生命の質　40
精神科　43, 70
精神障害　15
性同一性障害　70
摂食障害　70
洗顔クリーム　78
洗顔パウダー　78
洗顔用石鹸　78
洗顔料　77
双極性障害　70
統合失調症　70
創痕　126, 128

た

対象喪失　25
脱毛　45
単純性血管腫　64, 108, 110, 112, 114, 116
チャームポイント　26, 41, 44
定義　39
ティッシューエキスパンダー　65
適応　11, 43
手の先天異常　64
転移　36
動脈　69

な

内科　43
乳液　81
乳液状ファンデーション　88
乳房再建　64
認知行動療法　17, 20
熱傷　61
熱傷瘢痕　98

は

ハードファンデーション　88
パール　91, 95
パッチテスト　11
瘢痕　43, 61
瘢痕拘縮　61
非言語的コミュニケーション　34
肥厚性瘢痕　61
皮膚　69
皮膚科　43, 70
皮弁　62
美容液　79
美容外科　8, 43, 52, 60
表皮　69
ファンデーション　46, 88, 93
ファンデーション第1段階　89
ファンデーション第2段階　89
ファンデーションの選択　88
フェイスパウダー　93
扁平母斑　64
防腐剤　77
ボディ・イメージ　3, 4, 40
母斑細胞性母斑　64

ま

マッサージ　71
マッサージの方向　87
眉　96
ミキシングファンデーション　88
ムーンフェイス　44
メイクアップアーティスト　4, 52
メイクアップシミュレーション　54
メイクアップセラピー　3, 4, 8, 15, 20, 35

メイクアップセラピスト　　4
メディカルメイクアップ　　39
モイスチャーファンデーション　　88
網状植皮　　63
妄想障害　　17

や

薬事法　　77
やつれ　　44, 45

ら

リハビリテーション　　3
リハビリテーションメイクアップ　　3, 8, 11
リハビリメイク®　　3, 24, 39
隆鼻術　　65
リンパ　　71
レーザー治療　　66
老化　　44, 45

INFORMATION

● REIKO KAZKI

　　　　　　（旧『スタジオKAZKI』を名称変更致しました）

　ホームページ：http://www.kazki.co.jp

　総合窓口：info@kazki.co.jp

　【東京サロン】

　〒160-0077　東京都新宿区荒木町4-4　森初ビル2F

　TEL：03-3350-6500（月〜土10:00〜19:00）

　【大阪サロン】

　〒530-0002　大阪市北区曽根崎新地1-4-10　銀泉桜橋ビル6F

　TEL：06-6346-7400（月〜土10:00〜19:00）

　【名古屋サロン】

　〒450-0002　名古屋市中村区名駅4-6-23　第3堀内ビル13F

　TEL：052-583-0150（月〜土10:00〜19:00）

　【リハビリメイク予約・問合せ】

　東京・リハビリメイク専用ダイヤル

　TEL：03-3350-6632（月〜土10:00〜19:00）

　E-mail：info@rehabilimake.com

● 特定非営利活動法人「フェイシャルセラピスト協会」

　ホームページ：http://www.kazki.co.jp

　〒160-0017　東京都新宿区左門町3-1　左門イレブンビル4F

　TEL：03-3350-1035　FAX：03-3350-0076

　E-mail：info@fhb.or.jp

● 日本医科大学附属病院形成外科・美容外科

　〒113-8602　東京都文京区千駄木1-1-5

　TEL：03-3822-2131

著者略歴

百束　比古（ひゃくそく　ひこ）
日本医科大学形成外科学教室主任教授。医学博士。オーストラリアシドニーロイヤルプリンスアルフレッド病院客員教授。中国広州市第一軍医大学客員教授。日本美容外科学会理事。1975年日本医科大学卒業。先天異常，熱傷再建，美容後遺症など幅広く形成外科全般の診療に携わっている。編著書に「形成外科ADVANCEシリーズ　熱傷の治療：最近の進歩」ほか多数。

青木　律（あおき　りつ）
日本医科大学形成外科学教室講師。医学博士。日本美容外科学会理事。NPO法人「顔と心と体研究会」理事。1988年日本医科大学卒業。専門は皮膚腫瘍，乳房再建，レーザー，美容外科，形成外科社会学。形成外科・美容外科を受診する患者さんのQOL（生活の質）の向上に主眼をおいた治療を目指している。

かづき れいこ
フェイシャルセラピスト。歯学博士。メイクサロンREIKO KAZKI主宰。新潟大学歯学部臨床教授。早稲田大学感性領域総合研究所研究員客員教授。幼少から心臓病のために冬になると顔が赤くなる悩みをもっていたが，30歳のときに手術を受け完治。これを機にメイクを学ぶ。カルチャーセンター等でいわゆる一般のメイクアップの指導を行う一方，多くの人が抱える「顔」の問題にメンタルな面からもアプローチするメイクアップの研究を始める。1995年よりこの活動を「リハビリメイク」と定義づけしボランティア活動を始める。2000年「顔と心と体研究会（現フェイシャルセラピスト協会）」を発足させる（2002年NPO認可）。2012年一般社団法人リハビリメイク.協会設立。
現在，医療機関（形成外科・皮膚科・歯科・精神科）と連携し，創傷や熱傷瘢痕，頭頸部癌，醜形恐怖などを有するさまざまな患者さんに接してメイクを行っている。また，このテーマでの講演も多数行っている。「デンタル・メディカルスタッフのためのリハビリメイク入門」（医歯薬出版），「リハビリメイク─生きるための技」（岩波アクティブ新書）など著書多数。

町沢　静夫（まちざわ　しずお）
町沢メンタルヘルス研究所所長。医学博士。1968年東京大学心理学科卒業。1976年横浜市立大学医学部卒業。1986年国立精神・神経センター，精神保健研究所勤務。1998年立教大学教授。2003年より現職。著書に「醜形恐怖」（マガジンハウス），「こころの健康事典」（朝日出版社）など多数。

奥山　智子（おくやま　ともこ）
茅ヶ崎徳洲会総合病院リハビリテーション室勤務。1991年学習院大学文学部心理学科卒業。株式会社野村総合研究所に勤務し，専門学校（医療ソーシャルワーカーコース）で学ぶ。1998年より北里大学病院精神科，虎の門病院心理部などの研修を経て，現在は癌や難病その他さまざまな病気の患者のカウンセリングに携わる。

宇津木　龍一（うつぎ　りゅういち）
北里研究所病院美容外科・形成外科部長，美容医学センター長。北里大学形成外科専任講師。横浜市立大学形成外科非常勤講師。1980年北里大学卒業。1990年渡米し，米国テキサス大学とペンシルバニア大学で美容医学を学ぶ。ペンシルバニア大学形成外科客員講師を経て，1995年より現職。著書に「ミクロのスキンケア」（日経BP出版）。

田沼　久美子（たぬま　くみこ）
日本医科大学解剖学第2講座助教授。医学博士。1968年東京農工大学農学部獣医学科卒業。東京女子医科大学を経て，1974年より日本医科大学勤務。

長田　文子（ながた　ふみこ）
REIKO KAZKIリハビリメイク主任講師。薬剤師。明治薬科大学卒業。かづきれいこのアシスタントとして医療機関においてリハビリメイクに携わる。

医療スタッフのためのリハビリメイク　　＜検印省略＞

2003年9月1日　第1版第1刷発行
2005年9月1日　　〃　　第2刷発行
2012年5月1日　　〃　　第3刷発行

定価（本体4,000円＋税）

監修者　百　束　比　古
著　者　青　木　　律　　かづきれいこ
発行者　今　井　　良
発行所　克誠堂出版株式会社
〒113-0033　東京都文京区本郷3-23-5-202
電話　03-3811-0995　振替　00180-0-196804
URL　http://www.kokuseido.co.jp

ISBN978-4-7719-0266-4　C3047 ￥4000E　　印刷　倉敷印刷株式会社
Printed in Japan © Hiko Hyakusoku 2003

・本書の複製権・翻訳権・上映権・譲渡権・公衆送信権（送信可能化権を含む）は克誠堂出版株式会社が保有します。
・JCOPY ＜（社）出版者著作権管理機構　委託出版物＞
本書の無断複写は著作権法上での例外を除き禁じられています。複写される場合は，そのつど事前に（社）出版者著作権管理機構（電話03-3513-6969, Fax 03-3513-6979, e-mail：info@jcopy.or.jp）の許諾を得てください。